Caramelos de violeta

Mari Carmen Díez Navarro

Caramelos de violeta

Rumo à doce metamorfose de nossas escolas

Tradução

Bruna Heringer de Souza Villar

Phorte editora

São Paulo, 2022

Título do original: *Caramelos de violeta*: hacia la dulce metamorfosis de nuestras escuelas

Caramelos de violeta: rumo à doce metamorfose de nossas escolas

Rua Rui Barbosa, 408
Bela Vista – São Paulo – SP
CEP: 01326-010
Tel.: (11) 3141-1033
Site: www.phorte.com.br
E-mail: phorte@phorte.com.br

CIP-BRASIL. CATALOGAÇÃO NA PUBLICAÇÃO
SINDICATO NACIONAL DOS EDITORES DE LIVROS, RJ

N241c

Navarro, Mari Carmen Díez, 1949-
Caramelos de violeta : rumo à doce metamorfose de nossas escolas / Mari Carmen Díez Navarro ; tradução Bruna Heringer de Souza Villar. - 1. ed. - São Paulo : Phorte, 2022.
280 p. ; 23 cm.

Tradução de: Caramelos de violeta : hacia la dulce metamorfosis de nuestras escuelas
Inclui bibliografia
ISBN 978-65-88868-10-2

1. Educação infantil - Estudo e ensino. 2. Intuição (Psicologia). 3. Aprendizagem. 4. Professores de educação infantil - Formação. I. Villar, Bruna Heringer de Souza. II. Título.

21-73820 CDD: 372.21
CDU: 373.2

Camila Donis Hartmann - Bibliotecária - CRB-7/6472
ph2479.1

Este livro foi avaliado e aprovado pelo Conselho Editorial da Phorte Editora.

Impresso no Brasil
Printed in Brazil

Quero dedicar este livro aos professores e às professoras que me escutam há anos em conversas ou em seminários. Interlocutores dialogantes, que me acompanham nas reflexões, nas experiências e nas dúvidas e que, além disso, sorriem, fazem um bom semblante e me agradecem de forma muito amável.

Assim tem acontecido em muitos, muitos lugares:

(Andaluzia): Almeria, Cádis, Chiclana, Jerez, Córdoba, Granada, Málaga, Antequera, Axarquía, Marbella, Motril, Sevilha, Castilleja de la Cuesta, Lebrija.
(Aragão): Tarazona.
(Astúrias): Gijón, Oviedo.
(Cantábria): Santander, Solares, Torrelavega.
(Castela-Mancha): Albacete, Villarrobledo, Cidade Real, Guadalajara.
(Castela e Leão): Palência.
(Catalunha): Barcelona, Gavà, L'Ametlla del Vallès, Manresa, Sabadell, Sant Just Desvern, Vic, Lleida, Girona.
(Comunidade Valenciana): Alicante, Alcoi, Altea, Aspe, Benidorm, Elda, Elx, Ibi, La Nucia, La Vila Joiosa, Petrer, Sant Joan d'Alacant, Mutxamel, Castelló, Burriana, Valência, Agullent, Almoines, Cheste, Gandia, Ontinyent, Silla, Xàtiva.
(Extremadura): Cáceres, Cória, Mérida, Zafra.
(Galícia): Corunha, Santiago de Compostela, Lugo.
(Ilhas Baleares): Ibiza, Palma.
(Ilhas Canárias): Gáldar, Las Palmas de Gran Canaria, Santa Cruz de Tenerife, Los Llanos de Aridane La Palma.
(Madri): Aravaca, Getafe, Leganés, Madri, Majadahonda, Parla.
(Navarra): Pamplona.
(País Basco): Bilbao, Barakaldo, Galdakao, Getxo, Mondragón, Santurtzi, Vitoria-Gasteiz.
(Região de Múrcia): Múrcia, Águilas.
[Colômbia] Bogotá, [Argentina] Buenos Aires, [Uruguai] Montevidéu.

Prefácio

La tinta negra se hace	A tinta preta se faz
con brujas y dragones.	com bruxas e dragões.
La roja, con la cresta	A vermelha, com a crista
y saludo de gallos.	e saudações de galos.
La tinta azul, con agua	A tinta azul, com água
y sombra de palomas.	e sombra de pombas.
	Edith Vera

Comecei a ler *Caramelos de violeta*[1] sem saber o motivo de seu nome, mas com a intuição de que encontraria tesouros necessários e estimulantes. Podia pressupor a ternura, a inteligência, a criatividade. Porém, como todo leitor ou toda leitora que tem diante de si um texto sincero e profundo, nascido da experiência mais genuína, das mãos de uma grande professora, encontrei o que esperava e muito mais.

No princípio, a "radiante inteligência" de meninas e meninos, como Mari Carmen define, alastrando-se fartamente em cada página. Depois, um exercício de pensamento constante, em vaivém, "entre o trabalho afetivo e de grupo e o trabalho da aprendizagem" (um vaivém imprescindível, segundo o meu ponto de vista, para dar sustentação à tarefa de todo professor ou toda professora que terá que cuidar e acompanhar o crescimento das crianças). E, caso isso fosse pouco, um conceito de aprendizagem com base na liberdade e na criação, no poético, na brincadeira, no jogo e na investigação, no coletivo.

"Aprender abertamente", assim se chama a primeira seção de textos. E, nessa denominação, vive – além da aprendizagem deleitosa – uma ideia de planificação muito mais ampla do que a série de conteúdos organizados ou sequenciados pelo professor.

[1] N. do E.: optou-se por manter o título original da obra como uma metáfora para uma escola amável e doce. Em espanhol, "*caramelo*" significa "bala", e, conforme veremos na Introdução, o título refere-se a um doce feito com essência de flores de violeta.

Este livro valoriza, de maneira especial, a intuição, o que o professor *escuta* dos meninos e das meninas, de seus processos, de suas perguntas e de suas reflexões. Deixar-se levar pela intuição é parte do repertório de habilidades que Mari Carmen põe em cena quando nos narra as maravilhas que ocorrem em sua sala de aula.

A intuição exerce uma espécie de integração entre os elementos da consciência, do que o real nos provê, e os registros sensíveis, capazes de capturar muito além, um sentido impalpável, tênue, que apenas respira, mas que é a semente de uma ideia nova, de um conhecimento nascente, se soubermos lhe dar o espaço e o tempo para se desenvolver, se abrigarmos sua incerteza como promissora matéria de futuro.

Contudo, não é todo professor que permite o devaneio de sua intuição em seu dia a dia com as crianças. É preciso estar poroso, flexível, incompleto para se permitir valorizar esses gestos; é preciso estar sensível. E a sensibilidade entra em conflito com a rotina, com os protocolos, com os esquemas de transmissão que padronizam as crianças e os grupos, que classificam conteúdos únicos, que fazem prevalecer o conteúdo acima da experiência.

Muitos meninos e meninas na Educação Infantil atual estão privados da sensibilidade de seus professores; em troca, são controlados por projetos curriculares que se tornaram *manuais*, currículos que esqueceram *o trabalho afetivo e de grupo*, a ternura, o aspecto criador do pensamento.

Deixar-se levar pela intuição permite reunir afeto e pensamento: se nos adentrarmos em cada um dos relatos de classe, que expandem planificações completas e seus desdobramentos nos processos das crianças, observamos enormes gestos de autonomia por parte dos pequenos, hipóteses, descobertas e criações que não só fazem parte de temas científicos ou geográficos, como todo o conhecimento que elaboram com base na notícia de que Julia irá viver em Istambul [Turquia], mas também das repercussões que cada situação da vida tem em suas próprias emoções, em seus vínculos de amizade e familiares.

A viagem de Julia leva a querer "aprender sobre todo o mundo". Essa decisão, que dá lugar a um grande projeto didático, é parte do que meninos e meninas precisam pensar e, como têm voz para escolher, assim será. Sua professora traz um mapa, e começa a se desdobrar uma série de lembranças e de saberes de suas próprias experiências de vida: "Toda uma narrativa vital ia se desenrolando e se expondo diante do interesse geral: camisetas de diversos países, figurinhas da

Torre Eiffel, táxis de Londres, bumerangues da Austrália, gorros russos, contos, tamancos, tapetes, bonecas, quadros, macarrão chinês etc.".

Penso em tantos professores e professoras que conheço, na emoção que sentiram ao se encontrarem com estes relatos, com tantas ideias frescas e deliciosas, como foi acontecendo comigo à medida que avançava na leitura. "E é que estávamos tocados pelo mal da ausência, porque Julia havia ido embora e, além disso, tínhamos aberto em nós a vontade de conhecer o mundo que nos rodeava, que adivinhávamos ser grande e misteriosamente diferente", escreve Mari Carmen. Novamente, afeto e pensamento como uma unidade; de tempos em tempos, o trabalho subjetivo, de grupo e epistemológico entrelaçados nesse estar juntos que a escola pode conceder.

"*Se são os Estados Unidos, por que estão brigados?*", pergunta uma criança em meio a tanta filosofia geográfica. Discutem sobre se é legítimo que o azul seja de meninos, e o rosa, de meninas, e essa discussão exaltada se nutre com uma visita antropológica que provê informação do princípio dos tempos da humanidade (e que parece justificar uma marca cultural que acreditávamos de nossa própria produção).

Jesús foi operado quatro vezes; esse seria um tema de sumo interesse para o grupo. Também a origem d'*O livro das cicatrizes*, porque sua professora proporá, para acoplar essa preocupação e metamorfoseá-la, que cada um desenhe ou relate sobre suas próprias cicatrizes (que criança de 5 anos não leva marcas de seus tropeços?). Elaborar este livro coloca, em primeiro plano, a inquietude pelo corpo; não apenas o seu cuidado, mas também o seu funcionamento. Em deriva, chegam a uma pesquisa sobre os olhos, graças à visita do pai de Marta, que é óptico.

Nesses ambientes de aprendizagem que Mari Carmen inventa, tudo é ocasião de aprendizagem. Não há empecilhos em nenhuma conversa, cada fio de sentido, cada gesto de inquietude encontra terreno para crescer. Essa modalidade de construção me faz pensar em algo que me interessa de forma muito especial: a distribuição igualitária do poder sobre as ideias e o desejo de aprender. Sua planificação tem um roteiro escrito por várias mãos: as da professora e as dos meninos e das meninas. Tudo o que acontece em sala está imbuído dos interesses e das sugestões dos pequenos; eles escolhem o projeto a ser desenvolvido, e sua professora nutre, propõe, contribui, escuta, permite um destino imprevisível.

Mari Carmen diz que, às vezes, ela escolhe a imprudência, e isso me evoca uma bela relação entre imprudência e imaginação que Bachelard (1982) propõe:

> A imaginação tenta um futuro. É, em primeiro lugar, um fator de imprudência que nos afasta das pesadas estabilidades. Veremos que alguns devaneios poéticos são hipóteses de vidas que ampliam a nossa, colocando-nos em familiaridade dentro do universo.

Sou apaixonada por essa ideia de futuro associada ao imaginário e por essa falta de prudência como condição da invenção. Também considero útil esse pensamento para chegar a esse outro lugar fértil que este livro nos propõe: a relação indispensável entre arte, lúdico, vínculos e aprendizagem.

> Como falar da primeira infância senão por meio da arte, do lúdico, da linguagem? Como nomear a riqueza de crescer sem nos amarrarmos ao vínculo afetuoso entre crianças e adultos? É possível ignorar que eles, os bebês e as crianças pequenas, são os seres que mais intensamente exercem a criação de sentido, a expansão imaginária, e a força dessas práticas conseguem construir seus pequenos países biográficos, nos quais chegam a reinar, apesar da fragilidade humana inicial? (López, 2018)

"A ideia continua sendo aproximar meninos e meninas da beleza, da criação, das formas e das cores que os artistas escolhem para levar os seus sentimentos a passear", diz Mari Carmen. Esse conceito não se limita à arte plástica; também a música, a literatura, a dança, o cinema se alimentam de formas e cores particulares, linguagens em que se altera a ordem dos materiais, suas funções e seus significados, como no lúdico.

Em um texto brilhante e, ao mesmo tempo, tão simples, Graciela Montes (2017) explora a relação entre arte e vida cotidiana, entre os artistas e os seres comuns de carne e osso que habitam este mundo e, sobretudo, o direito à criação, à imaginação, ao estranhamento do olhar:

> Entre o velho que olha o campo de girassóis que existe em seu rancho, porque sim, por olhá-lo somente, e desfruta com o amarelo e com o vaivém das corolas e, conforme a sombra avança, vai transformando-o, e van Gogh, o artista, que apreendeu os girassóis para sempre e fez deles um presente a nós, de tal forma que já ninguém possa ser capaz de dizer que não tenha visto os girassóis, entre esses dois, não há, segundo meu ponto de vista, senão uma diferença de intensidade, de grau. Ou de risco, se assim se prefere. Mas as experiências são similares, tocam-se.
>
> Todos temos direito à arte e somos, em alguma medida – à medida que outros nos permitiram e à medida que nós mesmos ganhamos, com ou sem permissão –, artistas. Todos somos artistas. Todos capazes de gestos de artistas em alguns momentos.

Caramelos de violeta faz jus a esse artista que vive em cada criança na Educação Infantil em relação ao seu potencial, à sua desobediência criadora. E nos propõe riscos ou caminhos, que, em sua qualidade audaciosa, criam maravilhosas formas de acompanhar a aprendizagem e a criação em seus sentidos mais amplos. Porque arte e conhecimento – embora o mundo capitalista tente colocá-los em lados opostos – sempre andam de mãos dadas.

Novamente, Montes (2017): "É importante entender que não se opõem. [...] Os dois, arte e conhecimento, partem do deslumbramento ante o enigma e definham diante das ordens".

Haveria algo mais parecido à inquietude epistemológica própria das crianças, à sua curiosidade inata? Não haveria acaso no trabalho sobre as ordens que Mari Carmen propõe com uma enorme delicadeza, para respeitar o tempo desses enigmas e até fazê-los crescer em intensidade e em possibilidades?

Uma referência a Rosa Montero me levou a evocar, por sua vez, a Sor Juana Inés de la Cruz,[2] que chamava a imaginação de "a louca da casa" (também

[2] N. da T.: Sóror Juana (1648/1651?-1694/1695?) foi uma freira da Nova Espanha (atual México) cuja figura notável se faz muito presente no intitulado Século de Ouro espanhol. Poetisa do barroco, além de dramaturga e filósofa. *Primero Sueño*, um poema filosófico extremamente rico, é considerado pela crítica sua obra mais importante. No entanto, em *Carta Respuesta a Sor Filotea de la Cruz*, vemos uma defesa da autora diante das acusações de um bispo feitas a um texto anterior seu (*Carta Atenagórica*), algo que ganhou a atenção de muitos e se tornou notícia na sua terra natal e na Espanha.

a chamava assim Santa Teresa de Jesus). Não posso deixar de entrelaçar as noções de criança – infância – loucura – poesia – imaginação – lúdico – aprendizagem – conhecimento.

Uma das tantas coisas bonitas deste livro cujo prólogo tenho o prazer de escrever é justamente essa: que sua autora sabe compor com maestria as relações entre essas noções, que não se esquece de nenhuma, que as envolve com amor e se entrega ao pensamento.

Caramelos de violeta é uma obra para aqueles que amam conversar com meninos e meninas. Também para aprender como beijam no Japão ou se iniciar no cinema com *Tempos modernos*, aos 5 anos. É, além disso, um pequeno tesouro da memória de uma professora que tem dentro de si a poesia, que sabe ler e escutar entre linhas, e que passeia com enorme destreza entre sua própria criatividade e a desenvoltura das crianças; é o testemunho de um modo de acompanhar a descoberta do mundo, que nutrirá muitíssimas salas e muitíssimas almas. E isso me enche de alegria.

Faz tempo, quando nos conhecemos, depois de compartilhar intensas jornadas e de descobrir semelhanças em nossos pensamentos e sensibilidades que nos deixavam tão surpreendidas quanto encantadas, Mari Carmen me presenteou com 50 centímetros de um barrado de crochê que havia herdado de sua avó. Ela não sabia, mas esse *laço* branco e delicado estava também conectado com minha infância: a lembrança de minha avó e da costura, as tardes eternas em sua companhia elaborando roupas para meus bonecos, a exploração de um mundo adulto que também podia ser broto de infância. Seu crochê, que, agora, é laço na dobradiça da janela diante da escrivaninha em que escrevo, traz a mim os ecos de sua paixão e de sua entrega, de sua lucidez e seu sentido poético, de sua generosidade e de sua ternura. Seu barrado de crochê é companhia para os dias estranhos, assim como este livro-crochê o será, com certeza, um bálsamo-usina para aqueles que não cedem ante o desejo de fazer da Educação Infantil um lugar precioso, generoso e fértil; um lugar para a liberdade, a felicidade e a boa companhia.

María Emilia López

Educadora especialista em Primeira Infância e em Literatura Infantil

Prefácio à edição brasileira

Caramelos de violeta chegou até mim em um momento em que eu estava precisando de ar, de brisa fora da bolha pedagógica. A leitura deste livro foi um respiro em meio ao caos.

Depois, ao escutar Mari Carmen Díez Navarro falando sobre ele, eu pensei: "todos os educadores, de todas as escolas do mundo, deveriam respirar pelas frestas dessas palavras". Ela tem o poder de desinventar a escola e as práticas envelhecidas.

O poeta Manoel de Barros escreveu:

> Desinventar objetos. O pente, por exemplo.
> Dar ao pente funções de não pentear.
> Até que ele fique à disposição de ser uma begônia.
> [Ou uma gravanha.
>
> Usar algumas palavras que ainda não tenham idioma.

Mari Carmen desinventou os "caramelos" e foi desembrulhando as camadas de complexidade que revestem o cotidiano em uma escola para crianças pequenas, como o planejamento, a escuta, a observação, a poesia, a delicadeza das coisas escondidas na cotidianidade, o papel da professora na relação com as crianças e com as aprendizagens delas.

A cada capítulo, uma possibilidade para ver além do óbvio, para sentir além do casulo.

Não tem quem passe por este livro sem desejar uma metamorfose, uma doce metamorfose.

Tais Romero
Pedagoga e Mestra em Educação: Formação de Formadores
pela Pontifícia Universidade Católica de São Paulo (PUC-SP).

Sumário

Introdução: botões de cristal

A primeira vez que vi balas de violeta[1] foi quando uma amiga as trouxe para mim de Madri. Vinham dentro de uma caixa encantadora, tinham forma de flor e exalavam um aroma adocicado, que cheirava metade parecido com uma colônia, metade com as violetas que aparecem de tempos em tempos no meu jardim.[2]

Como me surpreendeu que fossem feitas de verdade de minhas flores preferidas, pus-me a ler a composição, a cheirá-las, a prová-las, e, então, já não houve jeito de manter a desconfiança, porque, além de terem o sabor do prazer, descobri que aquelas perfumadas imitações de flores estavam elaboradas com essência de puras violetas e eram bastante famosas.

Cativaram-me por sua cor lilás esbranquiçada, como se saíssem de uma névoa açucarada, e pela cor anil sentida, que apareciam logo que eram umedecidas na boca. Surpreenderam-me pelo seu gosto de silvestre, de presente, de coisa boa. Surpreenderam-me por sua grande semelhança com botões de cristal em forma de florzinha que conservo há muito tempo em um pote de sais de banho e que faziam parte de uma espécie de herança que Las Sordas,[3] umas modistas vizinhas de minha avó, deixaram para mim ao se aposentarem. Eram três irmãs nascidas em Múrcia,[4] que falavam de uma forma muito engraçada, salpicada de provérbios e de expressões populares, alguns dos quais adotei e ainda utilizo: "*Isso está mais limpo que um jaspe*",[5] "*Dói-me até a alma*", "*Você vai rachar o cocuruto*", "*Come um pedacinho*",[6] entre outras.

---

[1] N. do E.: "*caramelos de violeta*", no original.

[2] N. da T.: como a própria autora explica, é um tipo de bala em forma da flor violeta e com sua mesma cor, tradicional da cidade de Madri. Nessa cidade, há uma loja (La Violeta) que comercializa esse doce.

[3] N. do E.: As Surdas, em tradução livre.

[4] N. do E.: município espanhol.

[5] N. da T.: jaspe é uma pedra de coloração marrom avermelhada, que, ao quebrar, deixa uma superfície lisa. Ao que parece, as pedras de batismo anteriores ao século XIX, que remontam até o século XVI, eram feitas de jaspe, o que provavelmente originou a expressão.

[6] N. da T.: frases originais, na sequência: "*Esto está más limpio que un jaspe*", "*Me duele hasta el alma*", "*Te vas a romper la crisma*", "*Come una pizca*".

Ao sair do colégio, ia até sua casa, e me deixavam brincar e procurar em uma grande caixa de botões antigos. Tinham os coloridos, os de listras, os de pérola, os pontilhados, os de ouro, os prateados. Alguns eram de cristal, outros, de madrepérola, de massa, forrados de tecido, metálicos. Tinham forma de folha, de flor, de roda, de estrela. Com quatro orifícios, com dois, com um. Eu os classificava, colocava-os em fila, formava com eles bonecos, animais ou palavras; transformava-os em pulseiras; removia-os para escutar seus diferentes sons; molhava-os, para ver como mudavam de cor e brilhavam ao sol...

Desse modo, ao conhecer as balas de violeta e encontrar nelas a semelhança com meus queridos botõezinhos lilás, senti que estavam unidos em minha imaginação como símbolo do que vale a pena conservar, do que nos pode fazer desfrutar, do que nos acompanha e nos adoça a vida em alguns momentos. Talvez seja por esse motivo que, ao procurar um nome para batizar meu novo livro, tenham vindo ao meu pensamento com força. E decidi que esse poderia ser um bom título para um texto que contém fragmentos de minha experiência, meus sentimentos e minhas reflexões, embora nem sempre sejam tão doces como as balas.

O livro vem a ser uma compilação de textos de meus últimos anos na escola e está organizado em duas partes: "Aprender abertamente", em que se mostram alguns inesquecíveis momentos de aprendizagem e de relação que vivi com meus alunos e alunas fazendo projetos de trabalho, e "Uma escola acompanhante", em que explico experiências ricas e vitais que me fizeram pensar na importância de levar em consideração as diferenças entre as pessoas implicadas no encontro educativo e nos processos que geram saúde na escola de Educação Infantil.

Eu gostaria que, neste livro, fosse vista minha sensação de alegria ao contemplar o crescer das crianças, ao intuir sua radiante inteligência e ao poder acompanhá-las em seu despertar a saberes e sentimentos sempre novos. E, também, gostaria que, por meio das palavras que relatam esses fatos cotidianos, fosse possível reconhecer e valorizar como fundação de tudo o que é relativo à pequena infância, tempo em que se constrói o psiquismo e a maneira de ser das pessoas.

De todo modo, eu apreciei reunir nesta obra este conjunto de pequenas histórias para poder compartilhar a emoção de ver como a vida e o prazer abrem caminho, seja em forma de caramelos, de botões ou de violetas recém-desabrochadas.

Parte I

Aprender abertamente

Aprender abiertamente
con derecho a mirar aquí o allá,
con manoteos torpes o listos,
con asombros, inventos, sueños, incertidumbres
y risas locas.

Aprender abiertamente
curioseando los cajones y los armarios,
toqueteando los botones y las cazuelas,
canturreando boleros, habaneras,
o coplas de Juanita Reina.

Aprender abiertamente
mientras imaginaba historias en el zaguán de la abuela,
mientras bebía en las caras de la gente,
mientras escuchaba las palabras de la calle,
de la escuela, de los libros, de la vida.

Aprender abiertamente
amasando olorosos bollos, estrenando cariños nuevos,
bailando en el comedor de casa
y dibujando mi nombre en la arena para ganarle la partida a las olas
que se habían empeñado en borrármelo.

Aprender abiertamente
como aprenden los niños chicos
mirando, chupando, palpando, jugando, coleccionando,
como aprende la memoria a servir de despensa,
como aprende la emoción a hacernos saltar las lágrimas o las sonrisas.

Aprender abiertamente
con piel de futuro,
con calor o frío,
con cada broma y cada ten-con-ten,
con cada poema, cada cuento, cada susto, cada amigo.

Aprender abiertamente
para atrapar los saberes,
para llenar lo que falta,
para cubrir agujeros,
para disfrutar de los tantos matices que nos brinda un instante

Aprender abiertamente
que vivir tiene muchos días dentro,
que decir tiene miles de palabras,
que sentir tiene amor y tiene pena,
que querer tiene millones de besos.

Aprender abertamente
com direito a olhar aqui ou lá,
com gestos tontos ou espertos,
com surpresas, invenções, sonhos, incertezas
e risadas loucas.

Aprender abertamente
curioseando as gavetas e os armários,
apalpando os botões e as caçarolas,
cantarolando boleros, *habaneras*,[1]
ou *coplas*[2] de Juanita Reina.[3]

Aprender abertamente
enquanto imaginava histórias na sala da avó,
enquanto bebia nos rostos das pessoas,
enquanto escutava as palavras da rua,
da escola, dos livros, da vida.

Aprender abertamente
batendo cheirosos bolos, estreando presentes novos,
dançando na sala de jantar de casa
e desenhando meu nome na areia para vencer as ondas
que tinham se empenhado a apagá-lo.

Aprender abertamente
como aprendem as crianças pequenas
olhando, chupando, palpando, jogando, colecionando,
como a memória aprende a servir de despensa,
como a emoção aprende a nos fazer soltar as lágrimas ou os sorrisos.

Aprender abertamente
com pele de futuro,
com calor ou frio,
com cada brincadeira e cada cuidado,
com cada poema, cada conto, cada susto, cada amigo.

Aprender abertamente
para apreender os saberes,
para preencher o que falta,
para cobrir buracos,
para desfrutar das tantas nuances que nos brinda um instante.

Aprender abertamente
que viver tem muitos dias dentro,
que dizer tem milhares de palavras,
que sentir tem amor e tem pesar,
que amar tem milhões de beijos.

Mari Carmen Díez Navarro

---

[1] N. do E.: gênero musical cubano e dança que o acompanha.

[2] N. do E.: gênero musical espanhol (andaluz) cujas letras das canções são improvisadas.

[3] N. do E.: famosa atriz espanhola e cantora de *coplas*.

1 Seguindo pistas

Fonte: Caridade Vidal (Escola de Educação Infantil Aire Libre, Alicante, Espanha).

As tartarugas de nossa vizinha Claudine se mostram herméticas, duras, enigmáticas, impenetráveis. Isso não impede que as acariciemos com cuidado, procurando uma resposta ao nosso efervescente desejo de amizade, algum sinal de abrandamento, alguma gota de ternura. Ainda assim, elas seguem em sua tônica, em seu silêncio e rechaço habituais. Princípio de realidade, são tartarugas.

No entanto, a visita à casa de Claudine foi aberta, doce e prazerosa. Chegamos caminhando da escola (meia hora de percurso ao sol), cumprimentamos e fomos acolhidos com um copo de reconfortante chufa[1] *bem fria e as abundantes sombras do jardim. Quase em seguida, nossa amável anfitriã nos mostrou suas tartarugas, suas flores e sua tranquila varanda. E, de sobremesa, um conto inesquecível.*

Merci, *Claudine!*

[1] N. da T.: "*horchata*", no original. É uma bebida feita com água, açúcar e tubérculos de junça, muito consumida na Espanha.

Investigar é seguir um vestígio, uma marca, uma pista. É procurar, invadir, penetrar o não saber até chegar a sabê-lo. É mover-se, ir em direção a algo incitados pelo desejo de conhecer, buraco a se encher, motor do pensamento. Investigar é um fato intencional, em que subjazem algumas hipóteses, um percurso intuitivo, algumas reflexões, experiências. Requer atrevimento, tenacidade, segurança, paixão e imaginação, além de certo sistema, alguns procedimentos adequados, uma ordem, algumas comprovações, uma conclusão. Investigar inclui a atitude de querer saber, que provém diretamente de um forte impulso interno de busca, de uma energia muito pessoal, da curiosa curiosidade que nos permite nos adaptarmos ao mundo e estarmos vivos.

Neste primeiro texto, falo de quando a curiosidade se coloca em funcionamento e se transforma em trabalho, em relação, em conhecimento e em prazer. Nele, faço uma apresentação geral que engloba o "vir a ser" cotidiano na escola de Educação Infantil.

Minha proposta é aprender seguindo as pistas que meninos e meninas nos trazem, ou seja, com base em suas perguntas, em seus desejos e em suas inquietudes, e não nas obrigações, nos objetivos e em outras cargas que tantas vezes entorpecem e tornam turvo o que pode ser um acontecimento claro e brilhante.

***

Meninos e meninas nos primeiros anos, presos a seu momento narcisista e mágico, a seus impulsos, a suas ânsias de prazer, de imediatez e de poder, estão em um contínuo palpar da realidade, em um contínuo movimento em direção a umas coisas e outras, em um contínuo seguir os ditames de sua curiosidade. Aprendem com o lúdico, com os fatos cotidianos, com as relações, com os afetos, e tudo isso lhes faz observar muito, apresenta-lhes perguntas e lhes abre o desejo de averiguar as respostas, seguindo as pistas encontradas e arriscando pequenas hipóteses.

Nessa dinâmica, movimentam-se fuçando, fazendo suas pesquisas, encontrando satisfação em suas buscas e seguindo os rastros que a realidade lhes dirige e que tanto estimulam seu inato instinto de saber. Para isso, contam com sua radiante imaginação, com suas afobações e seus espantos, com suas manipulações, com sua persistência, com seu entusiasmo, com a segurança que algumas repetições cada vez mais certeiras proporcionam, com a vontade de agregar conhecimento e experiência à bagagem que estreiam. Também contam conosco, os adultos, que andamos perto e que, se não teimarmos que façam dez mil cartões por dia, podemos lhes acompanhar no prazeroso processo de compreender as coisas, de conduzir e relacionar uns temas com outros e, enfim, de alcançar algumas parcelas desse conhecimento que tanto anseiam.

Poderíamos chamar essas sondagens exploratórias dos pequenos de muitas maneiras: averiguações, buscas, explorações, tentativas. Algumas pessoas também as denominam de investigações. Para mim, investigar parece um conceito muito grande para nomear essas brincadeiras intermináveis que as crianças fazem e que, sem dúvida, têm todo o valor de uma intensa atividade indagatória, mas que são apenas o prólogo prazeroso e rico que preparará o terreno para um momento posterior. Por ora, o que lhes corresponde é exercer seu trabalho de crianças, ou seja: olhar, tocar, imaginar, e começar a pensar pouco a pouco.

Pensando em voz alta

Pensar é uma tarefa que diz respeito aos grandes e aos pequenos. Em minha aula, costumo pensar em voz alta, comentando ideias, dúvidas ou preocupações que me rondam a cabeça e com as quais incito as crianças a começarem a formular algumas respostas. Pergunto-me como fazer algo, como me organizar, qual material usar para isso ou aquilo. Durante um tempo, meus alunos e alunas (de 3, 4 ou 5 anos) me escutam sem saber muito bem por que um adulto se pergunta tantas coisas em vez de ter suas dúvidas já resolvidas, mas, depois, começam a contribuir com suas versões sobre o que apresento, e suas próprias ideias lhes vão dando força, segurança e capacidades. Aprendem assim e de outras formas a planificar, a ordenar, a averiguar, a sequenciar, a arquivar, a extrapolar, a recordar e a percorrer esses passos que compõem o caminho do pensamento.

Na turma passada, em uma de minhas reflexões orais – "*Não sei como guardar os papéis que sobram, porque quero que estejam à mão, mas não gosto que estejam todos misturados...*" –, um de meus alunos me chamou a atenção com estas palavras: "*O que você tem que fazer é pensar, que é o que eu estou fazendo sempre. Eu me sento e penso; brinco e penso. Sempre penso*".

O comentário de Eduardo me deixou, efetivamente, bastante pensativa. Conhecer a capacidade que temos de pensar, saber que refletindo é como orientamos nossas ações, reconhecer que apenas desse modo se pode escolher e decidir é um bom nível de pensamento para se ter com somente 4 anos de percurso. Supondo que Eduardo teria estado próximo de algum adulto pensante a quem observou de forma detalhada, porque pensar é uma dessas atividades humanas que precisam de *outro* que já o tenha descoberto. Um pai, um professor ou um colega que nos possa contagiar, contar e convidar a ser mais um sujeito pensante na longa cadeia.

Eu gosto desse papel de acompanhante de pensamentos recém-estreados, gosto de presenciar sua emergência nas crianças. Gosto de ver a transformação que sofrem desde os princípios primitivos, irracionais e mágicos, até serem pessoas com suas identidades, com consciência de si, com pensamentos que caminham em direção à lógica a grandes passos, com autonomia que chegarão a ter, se não tiverem muitos empecilhos para conseguir.

Nossa companhia, isso, sim, tem de ser ativa e intencional. Temos que organizar um ambiente rico e provocador, no qual haja objetos que *chamem* a ser tocados, comparados, pensados; no qual se discuta, argumente-se, racionalize-se; no qual se permita manipular, misturar, escampar; no qual se possam provar e comprovar as qualidades dos objetos e as reações das pessoas, as mudanças que o acaso ou as nossas próprias ações produzem; no qual se valorize pensar perguntas ou inventar... Temos de ter um ânimo que provoque o raciocínio e a busca, e de impulsionar meninos e meninas para que coloquem palavras ao que observem, ao que descubram, ao que desejem saber. Temos de pôr as crianças a pensar; pedir que projetem, que associem, que argumentem, que registrem, que recordem, que ordenem, e que tirem conclusões, embora sejam parciais e de seu modo.

Também seria bom que estimulássemos o aspecto criador do pensamento, coisa que elas fazem espontaneamente e que concede um bom lugar ao prazer e à liberdade no processo intelectual. Meninos e meninas constroem seu pensamento desdobrando suas brincadeiras, seus sonhos e sua vontade de inventar. Há quem apresente cenas teatrais ou coreografias de dança, construções, fantasias sugestivas, poesias, trabalhos plásticos, contos... O importante é a sensação de usufruir gerada ao fazer surgir algo novo. O gosto de começar algo que não se sabe como acabará. A surpresa e a satisfação diante da realização do que se vislumbrava apenas em algumas imagens esboçadas e *soltas* em nosso interior, e que, depois de passadas por nossa ação de modelar ou de expressar, vemos colocadas *para fora*.

Há um livro de Rosa Montero intitulado *La loca de la casa*.[2] O título está se referindo, precisamente, à imaginação, porque é certo que tem um quê de loucura essa desorganização que logo se organiza, esse risco de não saber os finais, essas intuições que parecem pouco pensamento,

[2] N. da T.: *A louca da casa*, em tradução livre.

esse escasso realismo e abundante fantasia que tanto se parece com os sonhos, esse desfrute simples que se sente quando estamos brincando ou imaginando algo. E é porque o pensamento precisa que não se perca o aroma da imaginação; senão, pode se tornar algo rotineiro, rígido e pouco inovador.

Gostaria de situar essas questões do averiguar de meninos e meninas em alguns momentos que vivi na escola e que transformam o cotidiano em um fato significativo, mobilizador, cheio de aprendizagens e de bons encontros para as crianças e para nós. Porque se é emocionante ver nascer pensamento em uma criança, é todo um privilégio ver como se constrói a capacidade de racionalizar e de concluir com base nas contribuições de todos os membros de um grupo.

Com o tempo, vou me dando conta do que é importante, que é receber bem os assuntos que interessam às crianças, já que provêm diretamente de seu *andar de baixo*[3] afetivo e, portanto, são vividos por elas com todo o calor e o envolvimento. Assim, já estou há alguns anos tentando seguir as pistas que meninos e meninas vão deixando.

Às vezes, eu consigo, quando me deixo levar mais pela intuição do que pela programação, quando minhas previsões docentes não me envolvem excessivamente, quando me dou tempo para parar, olhá-las e escutá-las (ou seja, quando estou mais atenta a elas do que a mim). E, outras vezes, estrago tudo, quando coloco as crianças para trabalhar em vão; quando não dou espaço suficiente a suas palavras, a seus jogos e brincadeiras livres, a seus pensamentos, a suas sondagens exploratórias, a suas tentativas disformes e talvez desordenadas, mas tão delas. É questão de seguir tentando.

---

[3] Para a autora, o "andar de baixo" é um lugar simbólico que abriga nosso universo emocional (nossos desejos, nossas crenças, nossas dúvidas etc.); um motor que nos impulsiona, dá segurança e permite confrontar a vida. Para isso, *vide El piso de abajo de la escuela. Los afectos y las emociones en el día a día de la escuela infantil* (Editorial Graó, 2002) [*O andar de baixo da escola. Os afetos e as emoções no dia a dia da Educação Infantil*, em tradução livre].

Pistas que surgem do cotidiano e do ambiente

Os pequenos problemas cotidianos a serem resolvidos, que surgem continuamente na escola, são uma boa fonte de conhecimentos e de estratégias de funcionamento autônomo, e trazem consigo relações de pensamento muito aproveitáveis. Algumas vezes, as pistas têm a ver com noções matemáticas; outras, com o conhecimento físico, com os comportamentos, com os costumes, com as formas de agir, com as relações, com o próprio corpo das crianças, com questões do âmbito natural...

Certa vez, o conflito surgiu quando tentei pendurar um móbile num gancho que tínhamos no teto da sala. As crianças estavam desenhando Satin, a cachorrinha de Elena, que tinha nos visitado pela manhã. Eu fazia algumas tentativas, mas não alcançava o teto nem subindo na cadeira mais alta, nem sequer colocando-a em cima da mesa. Quando me viram com minha cara de dúvida diante da improvisada e insegura escada, Álvaro disse: "*Não suba aí, que você vai rachar o cocuruto*". E Ángel me aconselhou que pedisse ajuda ao pai de Óscar, "*que era o mais alto do colégio*".

Ao final, animei-me a subir e consegui pendurar a figurinha do mobile diante dos olhos interessados de meus alunos e de minhas alunas. Depois que havia descido, com os móveis colocados em seus lugares de costume, perguntei a Álvaro o que era isso do "cocuruto":

– Minha avó fala isso – disse Mateo, antecipando-se.

– O cocuruto está por aqui, pelos rins – afirmou Álvaro cheio de convicção.

– Vamos ver o que diz o dicionário, porque eu também falo às vezes, mas não sei onde está, de verdade, o cocuruto, e convém verificar o que não se sabe. É assim que se aprende.

Procurei a palavra sem muita esperança de encontrá-la, mas, sim, ali estava! Tinha duas acepções: cume... e cabeça...

– Bom, vou contar para minha mãe, que acho que não sabe – disse Álvaro.

Dias depois, entrou o pai de Javier, e Mireia notou que tinha dado com a cabeça na figura que estava pendurada no gancho. Isso me lembrou o tema das alturas paternas e perguntei a Ángel por que havia dito que o mais alto do colégio era o pai de Óscar:

– Porque vejo que ele é, e já não o via desde o ano passado.

– E como você tem tanta certeza? Talvez seja o de Javier, ou o seu, que é bombeiro e parece bem alto.

Essa alusão pessoal lhe convinha e o fez pensar, abandonando sua radical afirmação.

– Pois vamos colocar todos no chão deitados e os medimos com a fita de dois metros que temos.

– Você acha que eles vão querer?

– Não, melhor colocá-los em pé, porque assim não se sujam.

– Mas o meu pai vive em Madri – disse um dos meninos.

– E o meu não vai poder vir, porque está sempre trabalhando – disse uma menina.

– Bem, pois perguntamos a eles por bilhete – sugeri. Eles sabem quanto medem. O que vocês acham?

Eles gostaram da ideia, sim. Os bilhetes saíram naquela tarde rumo às casas, e, no dia seguinte, muitas voltaram. Eu ia lendo todas e marcava a medida em uma tira de papel de 2 metros, que *copiamos* da *fita de 2 metros*. Logo surgiram os comentários, as comparações e as discussões sobre os pais e sua altura:

– Meu pai é mais alto do que o seu.

– Bom, mas o meu tem mais anos.

– Meu pai é mediano, mas é bonito.

– Meu pai é o mais gordo de todos.

– Meu pai com certeza ganha, porque chega quase na parte de cima das portas.

– Pois a minha mãe é mais alta do que o meu pai.

– Meu pai não é muito alto, mas é o mais careca.

Três pais se destacavam: o de Óscar, com 1,92 cm; o de Álvaro, com 1,91 cm, e o de Alejandro, com 1,90 cm. Mas ainda faltavam algumas crianças para trazer o papel, duas das quais podiam ser candidatos ao "triunfo", porque seus pais pareciam altíssimos. O caso é que, durante um tempo, estivemos entretidos com o assunto. Os meninos e as meninas estudando a fita, medindo tudo e fixando seus olhares penetrantes em qualquer pai que se aproximava. Os pais e as mães fazendo suas hipóteses, comentando. Os professores também. A propósito, quem ganhou foi o pai de Lola, com 1,93 cm.

Outra pista que seguimos foram as "preguiças" que vieram do comentário de Andrés, que nos contou que iam colocar nele óculos porque tinha um olho preguiçoso. Ao ouvi-lo, Carlos disse que ele também tinha as pernas preguiçosas, porque às vezes corria muito, e outras, não. Então, várias crianças disseram seus pontos fracos ou passivos, seus lugares a "serem trabalhados".

Jesús disse que era "*preguiçoso de mão*", porque "*tem dias que a mão não me deixa pintar bem*"; Kike, que era "*preguiçoso de nariz*", porque "*tem vezes que não consigo respirar*"; Alfredo, que era "*preguiçoso de bochechas*", porque "*demoro para comer*"; Pablo L., que era "*preguiçoso de pernas*", porque "*de manhã não quero andar*"; Lara, que era "*preguiçosa de pés*"; porque "*vira e mexe me canso*", e Mario disse que era "*preguiçoso de nariz*", porque "*tenho muito ranho*".

Uma pista vivinha e consistente foram dois insetos que Paula encontrou no campo e trouxe em garrafas transparentes. Seu papai nos advertiu em tom severo e com o dedo ao alto de que "*não deveriam ser tocados, porque eram muito perigosos!*". Pelo que dizia, se nos picassem, ficaríamos com o braço ou a perna paralisada e teríamos que ir ao hospital. Logo após ter ido embora, uma das crianças disse a Paula: "*E pra que seu pai trouxe esses insetos se são tão perigosos?*".

Ela respondeu que "*ver insetos era muito interessante*" e que, como tínhamos lupas e lanternas, seria muito bom. Eu tinha minhas dúvidas, mas ao ouvir semelhante argumentação, optei por selar bem as tampas e dar um momento para observar os bichinhos. Isso, sim, sob o meu controle.

Foi incrível. Carla procurou a foto deles no livro de insetos que tínhamos, e, assim, descobrimos seus nomes. Eram uma lacraia e uma aranha de jardim gigante. Também fomos ao dicionário e, após confirmar que picavam, olhamos sem balançar as garrafas para que não ficassem agitados.

Por último, Alfredo aproximou o caleidoscópio[4] para "*fazer mais bichos iguais*" e, de fato, vimos os bichos multiplicados de tal modo que nos fizeram arrepiar (a mim, pelo menos). Enquanto íamos olhando, escutávamos Pablo M., que, com sua transbordante imaginação, ia animando o momento: "*E se fizéssemos muitos bichos de verdade, e as garrafas quebrassem, e os insetos picassem a todos nós, e nós fôssemos ao hospital juntos, e nossos braços ficassem paralíticos, e...*".

Fico feliz de ter me atrevido a não ser tão prudente. Aprender tem seus riscos.

[4] N. do E.: no original, "*octoscopio*". Trata-se de um artefato óptico que consiste em um tubo com vários espelhos inclinados, os quais possibilitam a criação de efeitos visuais simétricos

Pistas que surgem de projetos de trabalho

Uma pista que temos seguido e foi a questão que surgiu quando Kike trouxe um chamativo pódio que havia construído em sua casa, ajudado por sua mãe, para colaborar no projeto sobre esportes em que estávamos envolvidos. O pódio consistia em três caixas forradas de papel vermelho com números reluzentes em um dos lados. Após ver o pódio, Héctor se perguntou em voz alta:

– Será que aguenta meu peso? E o do meu amigo?

Houve opiniões variadas, dúvidas razoáveis e afirmações firmes. Tivemos que testar e comprovar. Um por um, fomos subindo os degraus 1, 2 e 3 do pódio, depois de escutar as previsões que os demais faziam.

– Certeza que não aguenta seu peso.

– Se a Paula subir, aguentará muito bem.

– Se esse subir, vai quebrar...

Contra todas as previsões, as três caixas sustentaram o peso de todas as crianças, inclusive o da professora, motivo pelo qual teve que se ovacionar Kike e sua mãe por trazer um pódio tão forte e tão bom.

Na sequência desse acontecimento e das leituras e informações que íamos recolhendo sobre a alimentação mais correta para os atletas e para qualquer pessoa, despertaram-se algumas dúvidas e preocupações. Uma das crianças entendeu que "*era melhor comer pouco, para pesar pouco, e, assim, correr mais*". Outra, que tinha que comer muito pouco "*para que não se tenha gordura no coração; senão, você cansa ao correr e morre cedo*". Além disso, tínhamos um menino muito preocupado, porque tinha um pouco de sobrepeso e tinha medo de que realmente lhe acontecesse "*uma coisa ruim*" ao seu coração, e uma menina que comia pouco e tinha medo de "*que ficasse muito fraca*".

Isso nos levou a ler mais sobre alimentação saudável, a pedir esclarecimentos aos pais especialistas que vieram nos visitar, a tranquilizar os preocupados, e, também, a nos pesar com a balança digital que uma das crianças trouxe e que nos ajudou a preencher com credibilidade um gráfico no qual se refletia se pesávamos muito, pouco ou "mais ou menos". Quando o peso de alguém aumentava ou diminuía, ou se movia antes de sair o número zero, saía um letreiro que dizia "ERR". Então, Kike dizia com voz de oráculo: "NÃO! ERRO!"; e tinha que começar de novo, em meio a um silêncio que eu intuía estar cheio de dúvidas. Uma das vezes, Diego se animou a expressar sua estranheza, fazendo-se, provavelmente, de porta-voz de outros: "*E como a balança sabe que eu me movi?*". Uma mescla de hipóteses mágicas, de espanto e de curiosidade que se via em seus olhos, ora temerosos, ora cintilantes de emoção.

Tempos depois, estivemos trabalhando em um projeto sobre as máquinas. Tínhamos uma máquina que lhes interessava muito. Era a caixa registradora que havia na loja que tínhamos na sala. Primeiro, a diversão era o barulho: davam umas sacudidas para fazer o ruído de impressão, conseguindo que se abrisse a gavetinha de forma habilidosa. Depois, María atentou-se aos números que apareciam na tela:

– Apareceu um 5, mas foi sozinho, não fui eu que coloquei! – comentava alvoroçada.

– Você deve ter apertado o botão "5" – respondia-lhe Pau.[5]

– Não, não, eu não fiz nada – insistia ela.

– Isso é impossível, é preciso fazer alguma coisa para que as máquinas respeitem você, como o controle da televisão da minha casa. Se você aperta o "5", aparece o Canal 5, e se aperta o "9", aparece o Canal 9.

[5] N. do E.: ressalta-se que este é um nome comum na região da Catalunha (onde também se fala catalão), que, em espanhol, é traduzido como Pablo.

Que engraçado e bem expresso o raciocínio de Pau: "*É preciso fazer alguma coisa para que as máquinas respeitem você*". Suas explicações têm um aspecto realista, de que María passa a se apropriar conforme observa e testa. Cada criança responde com base em suas experiências, em seu momento de evolução concreto, em sua situação familiar, em sua maneira de ser. Os pensamentos vão amadurecendo ao ritmo e à maneira de cada um.

Pistas que surgem de uma discussão

Outro exemplo de pistas produtivas foi a discussão contínua que tivemos no ano anterior sobre as cores azul e rosa. Azul é "*de menino*", e rosa, "*de menina*", diziam as crianças. "*As cores são de todos*", dizia eu..., sem convencer a ninguém. Lembrando de uma sugestiva exposição que vi em Barcelona, intitulada *Colors*, decidi copiar algumas ideias que abriram um pouco o ponto de vista das crianças, muito estereotipado, do meu ponto de vista. Coloquei objetos de várias cores em potes transparentes: em um, milho, para o amarelo; em outro, tampas de garrafas d'água, para o azul; em outro, carvão, para o preto; em outro, esponjas verdes; em outro, para o rosa, *marshmallows* etc. Propus a elas pensar em um cardápio "rosa" e em outro "azul", pintar as unhas de azul e de rosa...

Também com fins persuasivos, coloquei-as uma manhã para pintar com branco e com vermelho. Quando apareceram os primeiros tons rosados, e as vi se aproveitarem dos matizes e comentá-los, indiquei que parecia que tanto alguns quanto outros estavam gostando dos tons de cor-de-rosa... Isso também aconteceu outro dia com o azul-escuro e o branco, e com os bonitos tons de azul-claro que foram saindo. Mas, ainda assim, seguiam mantendo que "*o azul é de menino, e o rosa é de menina*". Pensei em pedir ajuda às famílias, para ver se conseguíamos progredir um pouco; dessa forma, coloquei um aviso anunciando que receberíamos ideias sobre esse assunto.

Alejandra, a mamãe de Ivo, ofereceu-se para ir à aula fazer uma "explicação antropológica" sobre o possível motivo da predileção notória dos meninos pelo azul e das meninas pelo cor-de-rosa. Veio de bom grado, com a cara inocente e sonhadora, e começou perguntando às crianças coisas sobre a vida e os costumes dos homens primitivos. Ela ia ajudando e guiando a conversa com muito respeito, boa escuta e um tom descontraído, ao mesmo tempo que claro e organizado.

Depois, pediu a cada um que escolhesse um desenho entre os vários que havia preparado e que representavam objetos pré-históricos. Com os desenhos dispostos no chão e classificados em dois montes – os escolhidos pelos meninos e os selecionados pelas meninas –, foi se aproximando a ideia que Alejandra trazia, e a escolha dessas cores vinha motivada pela rígida divisão de tarefas que havia naqueles tempos e que levava as mulheres a recolher frutas (que, ao amadurecer, são rosas, laranjas ou vermelhas) e os homens a desejar céus claros (azuis) para ter boa visibilidade para conseguir uma boa caça. Acabou lendo para nós um conto que tinha inventado sobre o tema e que ambos, meninos e meninas, gostaram muito. Suas explicações foram lógicas e difíceis de rebater, então, fez-nos pensar bastante.

Outra situação de discussão útil aconteceu quando Ignacio, de 5 anos, ingressou na escola. Em seu primeiro dia de aula, entrou alterado e tenso, movimentava-se de forma trêmula, dava pequenos gritos descontrolados... Logo, pegou uma serpente de brinquedo, acalmando-se enquanto mexia nela sem parar. Desse modo, com esse objeto mediador, conseguiu se apresentar um pouco aos demais, em parte, como amante dos animais, e, em parte, como alguém que se sentia inseguro.

Óscar, outro dos meninos, chegou ao meio-dia e, para fazer uma brincadeira com os outros, eu o escondi no armário enquanto entravam do pátio. Com o novo plano em prática, fui à porta do armário e perguntei: "*Tem alguém aí dentro?*", e ele respondeu gritando: "*Siiim!*". E, em meio ao espanto de todos, saiu sorrindo com seu punhal na mão e pose de guarda.

Inesperadamente, Ignacio se colocou diante dele, e, embora bastante nervoso, disse-lhe com energia: "*Não vá fazer nada à minha serpente, porque, senão, posso dizer que ela ataque você com o veneno que solta pelos dentes*" (ou seja, que não apenas a queria para se acalmar, mas também pensava nela como instrumento de defesa). Sem se importar com a ameaça e sem conhecer Ignacio ainda, Óscar rebateu:

– Ela não solta pelos dentes, mas pela língua. Eu vi na televisão.

– Não, não é assim – afirmou Ignacio, que, sobre bichos, mostrava-se muito confiante.

E, então, os dois me olharam, para ver o que eu diria...

Encaminhei a dúvida ao grupo, porque "*não me lembrava muito bem*", e, assim, começou a pesquisa mais repentina que vivi até o momento. Uma reação adaptada que, por sua intensidade, conseguiu que o grupo se mobilizasse; primeiro para discutir, e, depois, para aprender juntos sobre as serpentes.

Pistas que surgem de um acontecimento afetivo ou relacional

Normalmente, as crianças falam enquanto estão colorindo, durante a refeição, nos momentos de brincadeira livre... Às vezes, expressam: "*Temos que falar de algo que aconteceu*", pedindo um tempo para conversar em grupo. Às vezes, sou eu a que propõe o momento de falar, porque observo que acontecem algumas coisas que convêm comentarmos. Depois da celebração de Natal que fizemos na escola, pedi a elas que falassem sobre esse dia. Como se sentiram, do que mais gostaram (ou do que menos gostaram), o que ensinaram aos seus pais que aprenderam na aula... Quando acabaram os comentários, trouxe à tona algo que presenciei e ainda não tínhamos tido a oportunidade de comentar:

– Eu aproveitei muito a festa; pude falar com os pais de vocês. Vocês estavam lindos, dançaram muito, entre outras coisas. Apesar disso, também aconteceu algo de que não gostei e que me fez pensar. Me refiro ao que disse uma menina daqui sobre outra colega. Alba, você, que estava perto e ouviu, poderia contar?

– Sim. É que, quando Patri entrou, Luciana lhe disse: "*Você está muito feia*"; mas não era verdade, porque estava muito bonita com seu laço, sua saia e seu colete.

– Isso foi o que aconteceu, sim, mas o que eu não sei é por que Luciana faria isso. Estava brigada com Patri? O que você pode dizer sobre isso, Luciana? E os demais, o que acham?

– Eu não disse isso – defendeu-se Luciana.

– Sim, eu escutei você, e você disse duas vezes – insistiu Alba.

– Será que estava com inveja do cabelo de Patri, que é bem cacheado? Eu gosto muito – aventurou-se Héctor.

– Será porque ela quer ter os olhos azuis, como os de Patri? – adicionou Lía.

–Vocês estão falando de invejas possíveis, mas não será porque algo as havia chateado?

– Não, não estavam brigadas; elas não brincam juntas.

– E você, Patri? Quer dizer algo?

– Que eu escutei isso mesmo, mas como eu sei que eu estava bonita, tudo bem, eu perdoo, e pronto.

– O que você responde a isso, Luciana?

– Que sim, que era inveja, porque eu achei que ela estava mais bonita do que todos os outros dias, e eu queria ser a mais bonita das meninas.

–Vocês estavam muito lindas, todas as meninas, cada uma com seu estilo. Lembre-se de sua camisa de brilho. Os meninos também

Continua

Continuação

estavam muito bonitos. Não convém que se ataque a outra pessoa por algo que você sente, isso é coisa sua.

– E você, o que faz se tem inveja? – perguntou-me Luciana com verdadeiro interesse.

– Pois costumo fazer duas coisas: uma é pensar nas coisas boas que eu tenho, e a outra é me aguentar.

Certa manhã, ao entrar na sala, César comentou que havia visto dois policiais na porta do colégio conversando com Cari, a professora da turma vizinha. Saí para olhar, mas estavam longe da entrada. Então, voltei, com uma sensação insatisfeita de curiosidade, e comentei com as crianças:

– Tô morta de curiosidade.

– Eu também! Eu também! – disseram elas.

– Vocês sabem o que é curiosidade?

– Sim, porque eu quero saber de tudo – definia Carol, entrando na explicação.

– Eu quero saber de tudo, e logo, já – adicionou Alfredo.

– Eu tenho muito dessa curiosidade.

– E eu, que sou como meu cachorro de tão curioso, como minha avó me disse.

Antes de começar a planejar o dia, aproximei-me da turma vizinha. Cari já estava lá, e lhe pedi que nos contasse o que havia acontecido. Explicou que a polícia tinha dado uma multa aos pedreiros que estavam vendo como arrumar a escada da escola, e, como ela não havia conseguido convencê-los a relevar a multa, os pedreiros tinham se aborrecido. Sabendo disso, fiz uma frase como uma "moral da história" para fechar o assunto e passar a outro assunto:

– Claro, é preciso seguir as regras. Se estavam indevidamente estacionados, os policiais tiveram que multá-los; por isso, eu quero que vocês aprendam a cumprir as regras.

– Pois a minha mãe passou ontem num semáforo vermelho.

– E meu pai passa sempre.

– Minha irmã cruza com o semáforo vermelho, e, um dia, um carro vai pegar ela.

– Meu pai teve o carro levado pelo guincho por um minutinho que parou para pegar minha avó.

– Por um minutinho também dão multas?

– Às vezes, sim, se não se pede permissão ao guarda.

– E se não vê você?

– Se você passar num semáforo vermelho, mesmo que não o vejam, você pode atropelar alguém, ou bater o carro. As regras existem para que os acidentes não aconteçam, para proteger as pessoas.

– Claro, não se pode fazer o que se quer, bater, morder, ou passar o semáforo vermelho.

– Isso, porque, embora os guardas não o vejam, você vê a si mesmo – concluiu Héctor.

Carlos comentou na reunião que, em sua casa, fez um contrato com seus pais, e os três assinaram.

– E o que vocês acordaram? – perguntei-lhe.

– Nada, era um papel que dizia CONTRATO, e, abaixo, tinham as assinaturas.

– É que *contrato* significa "combinar com outros sobre algo, entrar em acordo sobre alguma coisa".

– Ah, eu não sabia.

– Se você quiser, podemos fazer um contrato, você e eu – propus-lhe. Poderíamos combinar que você vai se sentar quando precise, e não depois, como você costuma fazer. O que você acha?

Continua

Continuação

– Bom, sim.

– Escreva você mesmo, e assinamos os dois.

Assim, fizemos, e houve um bom cumprimento do acordo, coisa que exaltei diante do grupo. Quando terminei de falar, Lía disse:

– Pois aqui tem mais gente que precisa fazer esses contratos.

– Quem? – perguntei. E todos foram dizendo o que pensavam que uns e outros tinham que melhorar.

–Você deveria combinar que não vai bater mais.

– E você, que vai comer tudo.

–Você, que vai trabalhar mais do que agora.

–Vocês poderiam combinar que não vão jogar sempre futebol, porque vocês ficam muito chatos com as boladas.

– E vocês, não discutir tanto para ver quem manda no dia.

– Eu vou combinar de falar mais.

Na manhã seguinte, Carlos surgiu com um montão de papéis na mão. Em todos eles, tinha CONTRATO escrito com sua letra; o conteúdo estava por se delimitar.

Como eu gosto dessas coisas, que me surpreendem e me fazem admirar as redes de aprendizagem e de relação nas quais se movimenta cada grupo! Com seu ritmo e do seu jeito. Com as contribuições de uns e de outros. Com os entusiasmos ou as passividades. Com a boa e rica mistura que supõe estarmos juntos nisso que é aprender.

Espero que consigamos ser mais decididos ao estarmos na escola com as crianças. Desejo que não tenhamos medo de seguir os fios que emaranham os assuntos e se arrumam no tempo certo. Espero que consigamos não passar por cima de suas perguntas, de seus comentários, de suas propostas, de seus desejos e dessas deliciosas pistas que se estendem a nós, e com as quais se põem a aprender com as mãos cheias e apaixonadamente.

2 Viaje conosco

Fonte: Equipe de imagem e som UA (Alicante, Espanha).

Conta Eduardo Galeano que:

"Diego não conhecia o mar. O pai, Santiago Kovadloff, levou-o para descobri-lo. Viajaram ao Sul.

Ele, o mar, estava muito além das altas dunas, esperando.

Quando o menino e seu pai alcançaram, por fim, aqueles cumes de areia, depois de muito caminhar, o mar estourou diante de seus olhou. E foi tamanha a imensidão do mar, e tamanho seu fulgor, que o menino ficou mudo por tanta beleza.

E, quando, por fim, conseguiu falar, tremendo, gaguejando, pediu ao seu pai:

– Me ajuda a olhar!" (Galeano, 1989)

É bem provável que Iván também tenha pedido algo assim ao seu pai, e este cumprido o compromisso de explicar a fundo uma de suas paixões. Assim, quando sugeri que cada um falasse com seus colegas sobre algo de que gostava muito, disse que falaria dos mares do Norte, "onde esteve seu papai tirando fotos, onde os barcos têm que se pintar de cor laranja, para que não se confundam com gelo, e onde o frio é tão grande que, se saíssemos nus, os dentes se castanholariam até que se fizesse noite".

Quando se empreende um projeto de trabalho que parte do desejo do grupo de crianças, o ambiente que se cria é tão rico e tão estimulante que ninguém se perguntaria como a professora faz para motivar seus alunos e alunas e conseguir tão bons resultados. E é porque se nota claramente que, aqui, a motivação provém deles próprios, e é, como seu nome indica, o motor da curiosidade vivida em grupo.

Nesta ocasião, começamos de um acontecimento sentimental e nos transformou em uma faísca potente, capaz de acender em todos a vontade de conhecer o mundo. Vê-los prestar atenção às leituras ou às explicações dos pais especialistas ou minhas; olhar os livros, os vídeos, as revistas e os objetos dos diferentes países; comentar; discutir; envolver-se ou se emocionar, tudo foi um espetáculo.

Criança *sioux* ou iroquesa,[1]
criança turca ou japonesa,
gelada criança esquimó,
eu sinto que somos um só.
Vocês veem bordos vermelhos,
há leões em seus olhos,
comem ovos de avestruz,
ou tartaruga, ou cuscuz.
Sua vida é divertida,
mas eu gosto muito mais da minha,
e tenho certeza que, às vezes,
vocês queriam mudar.
Comem coisas muito curiosas,
mas prefiro as minhas coisas.
Vivem para lá do mar,
eu em casa, e isso não está mal.
Criança *sioux* ou iroquesa,
criança turca ou japonesa,
gelada criança esquimó,
eu sinto que somos um só.

Robert Louis Stevenson[2]

[1] N. do E.: povos nativos norte-americanos.

[2] N. da T.: o poema original (*Foreign Children*) publicado em *A Child's Garden of Verses*, em 1885, tem como eu lírico uma criança britânica branca da segunda metade do século XIX (período vitoriano), por isso, seu ponto de vista é carregado de privilégios e de preconceitos, observando o mundo de uma forma rasa e eurocêntrica. Existem algumas discussões acerca de se o poema deve ser apresentado às crianças sem um debate crítico e contextualizado. A versão em espanhol foi modificada e suavizada em relação à original. A tradução para o português foi adaptada dessa versão, razão pela qual esse poema consta apenas em língua portuguesa neste livro.

Eu quero aprender sobre todo o mundo!

Em minha turma, levamos duas semanas aprendendo sobre o mundo e suas variedades por conta de uma de minhas alunas, que foi transferida para Istambul. Desde que soubemos que Julia iria embora, a Turquia começou a fazer parte das conversas e das imaginações de todos, despertou curiosidades e muitas perguntas. Para respondê-las, compareceram à sala os pais de Julia, munidos de fotos, de mapas, de livros... e de muitas emoções. Falaram do quão imprescindível era sua partida ("*é preciso trabalhar para poder viver*"), dos costumes, da cultura do país ao qual a família se dirigia e dos sentimentos que os invadiam diante dessa grande mudança. Os pais diziam: "*Estamos muito ansiosos, mas acreditamos que tudo vai dar certo*". E Julia adicionava: "*Eu estou um pouco triste, um pouco feliz e um pouco brava, porque não quero ir, mas tenho que ir*".

As crianças lhes atenderam, escutaram as respostas às suas dúvidas e se queixaram por aquilo de "ter que ir". Nesse momento intenso, tanto os pais quanto eu tentamos dar um passo não só ao desejo de conhecer que mostravam, mas também à tristeza de perder a amiga. E, a seu tempo, fomos dando algumas pistas em relação às possibilidades de comunicação posterior, de recordações e de permanência de carinhos.

Tentando transformar em trabalho os sentimentos de perda da amiga que ia embora, confeccionamos um livrinho com fotos, desenhos, escritos, CDs e outras lembranças. Fizemos a contagem decrescente. Deixamos que, nesses dias, Julia escolhesse os contos, as brincadeiras e os jogos, as fantasias e as poesias, e a acompanhamos no infortúnio. Como meios de contato, surgiram o celular, as cartas, a internet e o Skype. E, como meio mais imediato, floresceram os abraços, as lembrancinhas, os beijos e outros detalhes. Um grupo tem dessas coisas.

Assim, quando, ao cabo de alguns dias, tivemos que escolher um novo projeto de trabalho e de pesquisa coletiva, não me estranhou que o tema mais votado fosse o que propôs Candela com entusiasmo: "*Eu quero aprender sobre todo o mundo!*". E é que estávamos tocados pelo mal da ausência, porque Julia havia ido embora, e, além disso, tínhamos aberto em nós a vontade de conhecer o mundo que nos rodeava, que adivinhávamos ser grande e misteriosamente diferente.

Coloquei um mapa em uma área perto das mesas das crianças, e logo começou o intercâmbio de comentários, de perguntas, de experiências de viagens e de propostas. No dia seguinte, começou a chegar o material, e a turma se viu invadida por *souvenirs*: livros, globos terrestres, atlas e objetos que saíam das casas e chegavam à escola rodeados de palavras, de afetos e de recordações familiares. Toda uma narrativa vital se ia desenrolando e se expondo diante do interesse geral: camisetas de diversos países, figurinhas da Torre Eiffel, táxis de Londres, bumerangues da Austrália, gorros russos,[3] contos, tamancos, tapetes, bonecas, quadros, macarrão chinês[4] etc.

O mundo nos deu surpresas

As famílias também passaram a vir nos visitar envolvidas de um verdadeiro frenesi colaborativo. Havia quem quisesse falar de seus países de origem, por serem estrangeiros; alguns, por terem viajado, e outros, para contribuir com aspectos culturais, como músicas ou lendas do mundo. E, ao apresentar países, costumes, culturas, idiomas, convidaram-nos a pensar e a conhecer.

Encontramo-nos, pois, com abundantes relatos de viagens que nos surpreendiam, divertiam-nos ou nos impressionavam. Gostamos de saber

---

[3] N. do E.: conhecidos como "*shapka*" ("chapéu", em russo) ou "*ushanka*" ("chapéu com orelheiras"). Este último pode se referir aos chapéus militares.

[4] N. do E.: chamado "*min*", em chinês, é a massa chinesa feita de trigo, que pode ter formatos variados, mas, em geral, no Ocidente, refere-se ao que, por influência da imigração japonesa ao Brasil, chamamos de "*lámen*" (o popular "macarrão de miojo").

como se caçava com o bumerangue; que as crianças da Polinésia podem brincar nas águas próximas às suas casas; que os dragões chineses significavam paz; que as crianças do lago Titicaca vão ao colégio sozinhas em suas barcas; que, no Japão, come-se peixe cru, e, na China, insetos; que, no Amazonas, há piranhas que comem carne humana... E muitas coisas mais.

Ao surgir a palavra *estrangeiro*, averiguamos que é alguém que cresceu em outro país, como Garrick e seu papai, o papai de Diego e a mamãe de Aitana P. Também Wattie, o amigo de Sofía, que veio nos contar sobre a Escócia e seus famosos *kilts*. Fizemos um questionário para saber quantos estrangeiros havia na escola, e havia 8 crianças, 24 pais ou mães e 4 funcionários estrangeiros. No total, 36.

Percebíamos, obviamente, que cada um gostava das coisas de seu país, porque é onde nascera. Mas também pareceu normal que todos gostássemos de outros países, embora, às vezes, ficássemos tão espantados com os costumes que tinham, que nos deixavam boquiabertos. Estranhou-nos, por exemplo, que em outras culturas as pessoas não se tocassem nem se beijassem; que, na Etiópia, pintassem o corpo inteiro para ficar elegantes; que muitas crianças tivessem que trabalhar pescando, cuidando de rebanhos, nas minas ou nos arrozais; que tivessem casas muito pobres; e que, em muitos lugares, faltasse comida, água, brinquedos ou escolas!

Ao longo do projeto, descobrimos que as pessoas viajam a outros países por diversos motivos: por prazer, por trabalho, por amor, para praticar esportes, para visitar familiares, para ver alguma peça de teatro, para estudar, ou para fugir de uma guerra. Cada um desses motivos foi revelado à luz da explicação de nossos amáveis visitantes.

O motivo que mais impactou as crianças foi o que contaram a avó e a mãe de Aitana P. Disseram que sua família se mudou à Espanha para escapar da guerra que houve no Vietnã, no Camboja e no Laos. As crianças lhes indagaram acerca das bombas, dos fogos, dos canhões, do perigo, e quiseram saber por que ocorreu essa guerra e se, nela, morreu alguma pessoa da família delas. Ao escutar que a luta era pelas terras, Candela disse que isso "*não podia*" e que "*é melhor falar do que brigar*".

Dessa premissa, falamos que há países que estão em guerra e outros que estão em paz; que, antes, lutava-se mais do que agora e que as pessoas brigavam para mandar ou para retirar terras de outras. Também se comentou que as armas antigas eram muito parecidas: lanças, flechas, espadas, facas... Mas que, agora, têm outro formato: bombas, canhões, pistolas... (ou cassetetes e *spray* que se joga nos olhos, como na Inglaterra). Informamo-nos sobre o fato de que os indígenas e os fazendeiros lutavam porque os colonos (fazendeiros) queriam tirar dos indígenas suas terras, e conseguiram ("*Como aconteceu com os mouros e os cristãos*", comentou uma das crianças).[5]

Um dia, vimos imagens das praias do Caribe, alguém perguntou: "*E se um coco cai na sua cabeça enquanto você passeia por essa praia?*". Então, instaurou-se uma discussão sobre se as cabeças "aguentavam" ou não as quedas de coco. Diante disso, Ruy imediatamente irrompeu-se e levou a questão à sua mãe, "*que é médica do cérebro*", para lhe perguntar o que podia se fazer em um caso assim.

Ela veio, explicou como é o cérebro e para que serve, suas partes e suas características. Também respondeu às perguntas das crianças e comentou conosco como temos que cuidar do cérebro: alimentando-nos e dormindo bem, praticando esportes, usando capacete ao andar de bicicleta, segurando na cadeirinha protetora e usando o cinto de segurança no carro, e evitando pancadas fortes "*para que não se danifique o crânio*", que é uma caixa duríssima que protege o cérebro.

O ambiente, nessa visita, ficou mais sério do que nas outras. Provavelmente porque um tema assim requeria seriedade e todo mundo estava interessado em aprender como preservar seu próprio cérebro. Contudo, foi se desarmando quando compreenderam que temos uma boa defesa

[5] N. da T.: refere-se à retirada dos mouros da Península Ibérica, iniciada pelos reis católicos (Isabel de Castela e Fernando de Aragão) em 1492, o que, na Espanha, durou até 1609.

com nosso crânio e que se, além disso, tivermos as precauções básicas que nos recomendou a mamãe de Ruy, o cérebro não seria danificado, mesmo se caísse um coco na nossa cabeça quando estivermos em uma praia tropical.

O mate chinês

A grande quantidade de visitas, de materiais e de informações produziu bastante excitação no ambiente, invadiu todos os cantos da sala e fez acontecerem algumas confusões. Como a de Candela, que comentava que o pai de Diego tinha nos falado da China, em vez da Argentina, e que ali bebiam o "mate chinês", que era um chá muito ruim, do qual ela não havia gostado nada. E a de Pablo, que dizia que, no Brasil, existia um hotel de gelo, e, na Rússia, outro que tinha os quartos nas copas das árvores...

Mas, apesar desses equívocos, as crianças aprenderam muito e com muita alegria. Ter uma aula de Geografia não é a mesma coisa que escutar os detalhes de um país contados por aqueles que nasceram nele ou o visitaram.

O mapa que, no princípio, apenas as chamava para procurar a "Espanha" e para dizer que o azul é "água", e o restante é "terra", agora, está preenchido com saberes, com curiosidades e com acompanhamento. Dessa maneira, o mundo, agora, tem outras peles, que estão revestidas de capas afetivas e que convidam a se aproximar e a olhar com cuidado e respeito outros lugares e outras pessoas.

Ficaria muito longo narrar uma a uma as visitas dos pais, mas não resisto a listar aqui as que recebemos (como uma forma de agradecimento):

- Os pais de Julia nos explicaram sua próxima mudança a Istambul.
- Os pais de Miguel vieram para nos falar sobre Roma.
- Os de Óscar, sobre a Polinésia.
- A mãe e a avó de Aitana P., para nos falar do Laos.

- Os pais de Aitana C. e de Óscar, para nos mostrar suas caravanas viajantes.
- Os de Diego, para nos falar da Argentina.
- O pai de Dani falou do Brasil, da Rússia, da Austrália, da China e de Nova York.
- Os pais de Ylenia nos falaram de Nova York.
- Os de Garrick, de Londres.
- O pai de Ángel falou sobre Paris.
- A mamãe de Paula, sobre as 7 maravilhas do mundo.
- Os pais de Aitana P. nos ofereceram um panorama musical do mundo.
- Mónica, que trabalha na escola, falou de seu país: Romênia.
- María, a professora de inglês, do seu: África do Sul.
- O papai de Candela falou sobre contos e lendas do mundo.
- A mãe de Hugo F. nos fez uma comida francesa: crepes.
- E a mãe de Ruy nos falou do cérebro, para esclarecer algumas dúvidas.

Também deixarei alguns dos comentários ou algumas das perguntas que foram surgindo das crianças. Em geral, costumam ter relação com a forma de ser de quem os formula e, além disso, fazem ver que a potência do pensamento criador e autônomo é grande e se exercita nessas situações nas quais se pode especular abertamente sobre a realidade, colocar em relação o novo com o conhecido, e agregar saberes e sentimentos à nossa bagagem pessoal:

– Se são os Estados Unidos, por que estão brigados?

– Por que roubaram a terra dos indígenas?

– Por que, na Austrália, tem tão pouca gente?

– No país Rússia faz muito frio; no outro, Brasil, muito calor. Em um tem muita gente (China); no outro, pouca (Austrália). Parece que isso vai de baixo para cima, né?

– Tem esqueletos vivos no Egito?

– As panquecas argentinas têm gosto de churro.

– Eu sei o nome de muitos países: Japão, Polo Norte, China, Rússia... e Sax.[6]

– É possível montar nas baleias da Patagônia?

– Você pode ser amigo dos pinguins?

– Tem mamutes na Argentina?

– Demora ir para o Brasil de barco?

– As piranhas do Amazonas comem crianças?

– Como se faziam as múmias? Com papel higiênico?

– Se eu for para Rússia, posso tomar uma Fanta no bar de gelo?

– Se for ao Brasil, posso dormir no hotel de cabanas nas árvores?

– Na França, dizem "*pego*" em vez de "*perro*".[7] Falam como Adrián, Ángel e Candela!

– Quanto custa para comer em Nova York?

---

[6] N. da T.: cidade espanhola localizada na província de Alicante, pertencente à Comunidade Valenciana.

[7] N. da T.: é provável que a criança em questão esteja se referindo à pronúncia da palavra "*perro*" ("cachorro") – cujo som é o de [r], fonema espanhol vibrante alveolar sonoro múltiplo (acontece em início de palavra ou como no caso apresentado) – por falantes de língua francesa, que não têm esse fonema em seu idioma, pois utilizam o fonema [ʁ], que é fricativo uvular sonoro, o que fica similar à palavra "*pego*" ("colo", do verbo "colar"; em espanhol, "*pegar*"). Em português, seria como se a criança entendesse um falante do francês pronunciando "carro" em vez de "caro", pela ausência do tape, consoante vibrante alveolar sonora [ɾ], nesse idioma.

Continua

Continuação

– A Grande Muralha da China é como a do castelo de Santa Bárbara?[8]

– Por que as pessoas comem pela rua em Nova York? Se já terminaram de trabalhar, que vão para o bar, para comerem tranquilos.

– Eu já sei escrever "NOVA IORQ".

– Tem arte geométrica em Nova York?

Gostamos, em especial, de saber que "*tem muito mundo*" e que podemos aproveitar vendo lugares bonitos e conhecendo pessoas que vivem e falam de maneiras diferentes das nossas.

Várias vezes, comentamos que nunca se deve rir dos costumes de outras pessoas, porque "*cada um é como é e tem o direito de ser respeitado*" (lição de moral verdadeira com a qual contribui Candela).

Passaportes e outras tarefas

Além de receber as visitas dos pais, fizemos outras tarefas:

- Vimos fotos, catálogos de viagens, livros sobre países, filmes, contos e objetos preciosos de diferentes lugares. Escutamos e dançamos músicas do mundo. Além disso, e como um hino, cantamos *Viaje con nosotros*,[9] da Orquesta Mondragón.[10]
- Todos fabricamos um passaporte com foto, no qual fazíamos um desenho de cada país que íamos conhecendo.
- Subimos na caravana de Aitana C. e de Óscar, que estacionaram na porta do colégio um dia às 15 horas.

[8] N. do E.: castelo em que há um forte e que fica em cima de uma montanha. Localiza-se na cidade de Alicante, na Espanha.

[9] N. da T.: *Viaje conosco*, em tradução livre. Recorda-se que se trata do título deste capítulo.

[10] N. do E.: Orquesta Mondragón é uma banda espanhola de *pop rock* de San Sebastián, muito popular nos anos 1980.

- Montamos uma agência de viagens, com telefone, passagens de trem e de avião, e muitos livros de propaganda para escolher a viagem.
- Lemos contos de vários países: *Cara cruzada* (dos nativos americanos), *Zlateh, a cabra* (israelense), *O estranho visitante* (escocês), *A menina vendida con as peras* (italiano), *A pequena banana* (chinês) e *Matrioska*, que é de Dimiter Inkiow, um escritor russo. Neste último, contamos com uma coleção de bonecas, contribuição das mães e das avós, e que são da Rússia, da República Tcheca (Praga), da Hungria e da Romênia.
- Aprendemos uma poesia britânica: *Crianças estrangeiras*, de Robert Louis Stevenson, de que gostamos muito, e outra, cubana, de Nicolás Guillén: *La canción del regreso*.[11] E aproveitamos um filme maravilhoso: *A caverna do cachorro amarelo*.[12]
- Vimos, em fotos, revistas e livros, meninos e meninas de muitos países que brincam, que aproveitam bastante. Pescam, andam a cavalo, cuidam das ovelhas, ajudam a colher o arroz; conhecem outros esportes, outras histórias, outros contos, outros brinquedos...
- Escrevemos caracteres chineses, laosianos e egípcios, e colecionamos palavras de outros lugares.
- Colocamos os nomes dos países que íamos conhecendo em um mapa mudo.[13]
- Falamos das formas de se comunicar quando se está longe, e o fizemos entrando em contato com Julia, nossa colega que está na Turquia, por carta, por celular e por Skype.
- Fizemos uma oficina de comida francesa.

---

[11] N. da T.: *A canção do regresso*, em tradução livre.

[12] N. do E.: documentário de produção mongol e alemã, cuja diretora foi Byambasuren Davaa. A película concorreu ao Oscar de Melhor Documentário de Longa-Metragem em 2005.

[13] N. do E.: mapa em branco, para que os alunos possam anotar os nomes dos lugares.

- Desenhamos os lugares preferidos, por exemplo, o Taj Mahal, a Grande Muralha da China etc.
- Descobrimos que, em todos os países, são feitas celebrações para festejar as coisas importantes da vida, e que, em todas essas festas, há danças e deliciosas comidas.
- A cor da pele também foi tema de debate, e falamos das pessoas de outras etnias que cada um conhece. Foi muito curioso para meninos e meninas o fato de que existem muitíssimos tons e variantes de cor da pele.
- Aprendemos várias formas de dizer "olá".

Emoções autóctones

Neste projeto de trabalho, houve muitos momentos emocionantes para todo o grupo. Fomos invadidos por sentimentos de surpresa, de inveja, de admiração, de medo, de asco, de desejo, de curiosidade, de alegria, de saudade, de ternura, de diversão, de tristeza.

Também houve emoções individuais, como a de Candela O., ao saber que sua mamãe estava grávida ("*Ai, acho que vou soltar lágrimas de tanto pensar no meu bebê!*"); a de Candela V., ao aprender a dizer "Pinóquio" (dizia "Pinóco");[14] a de Héctor, que chorou ao voltar do dentista e nos explicou que não era porque havia se machucado, mas, sim, porque "*não confiava nele*"; e a de algumas crianças, que tinham começado a ler com muito entusiasmo. Além disso, surgiram dois "casais de namorados", que ficavam o dia todo se lançando olharzinhos.

De minha parte, sinto como se tivesse ido a uma autêntica viagem com meus alunos e alunas; como se os tivesse acompanhado a dar uma "olhadinha" para fora; como se suas famílias e eu tivéssemos aberto uma porta para a aventura, a realidade e a ousadia de viver coisas diferentes.

[14] N. da T.: "*Pinocho*" e "*Pinozo*", no original.

Os comentários dos meninos e das meninas, suas perguntas certeiras, suas conclusões e os sentimentos que as novas informações despertavam me emocionaram, deslumbraram-me e divertiram-me.

Vejo que eles aproveitaram e aprenderam, que "ampliaram seus horizontes", que têm vontade de conhecer e ver o mundo. E que seus pais estiveram perto do grupo de que fazem parte seus filhos e suas filhas e se sentiram incluídos, envolvidos e úteis no seu processo de aprendizagem.

O que mais posso dizer? *Viaje conosco!*

3 Manobras

Fonte: Ruth Albarracín (Bogotá, Colômbia).

Desenhar com giz em uma pedra, no chão puro, ao sol e cheirando o capim fresco deve ser uma sensação maravilhosa para esse menino.

A firmeza e a durabilidade da pedra se combinaram com o frágil e efêmero do giz para criar uma produção que, certamente, ele não esquecerá, ainda que o apaguem a chuva ou o sereno. A liberdade se respira em seus traços seguros, carregados de imaginação. E até parece que sua personagem tomará vida de uma hora para outra.

Há anos que nos dizem que a criatividade é para alguns poucos dotados; que artista "se nasce"; que inventar é algo difícil, complexo e restrito; que há apenas uma minoria de privilegiados criadores. No entanto, em minha escola, não acreditamos nisso, porque vimos que todos temos capacidades criativas e que a melhor maneira de aprender a criar é começar, desde bem cedo, a percorrer caminhos novos. Não há nada que importe mais do que ver nossos alunos e alunas em suas mil e uma tentativas, manobras, misturas e invenções, em suas produções de todo tipo: suas cidades feitas com madeirinhas, suas casas para formigas no areeiro, suas máquinas do tempo, seu cimento puro feito com o barro do pátio, suas danças, seus tesouros, suas pinturas, seus segredos...

Eu as vejo aproveitar tanto ao contemplar as obras dos artistas nos museus, ao escutar quando algum deles conta a elas seu processo criativo ou ao se colocar a pintar de mãos cheias que me parece incrível que ainda lhes sejam propostas tarefas tão despersonalizadas e tristes, como colorir um desenho, redesenhar uma silhueta ou copiar.

***

Esse ano, nosso projeto de arte foi sobre a *colagem*, e tudo transcorreu sem que percebêssemos. Conhecemos a vida e a obra de alguns artistas que trabalharam com essa técnica, experimentamos diversos materiais, criando animadamente nossas próprias produções; enfim, aprendemos e nos inserimos nas caminhadas estéticas com alegria e fluidez.

Antes de inaugurar o projeto, nós, professoras, tínhamos algumas ideias em mente que queríamos comentar com as crianças, alguns trabalhos coletivos para propor a elas, além de muitas possibilidades de tarefas plásticas para desenvolver e de um sem-fim de objetos que poderiam ser utilizados nas colagens. Nas turmas dos pequenos, as paredes foram preenchidas de cartazes, e logo se passou para a ação direta. Nas outras turmas, as dinâmicas se organizaram pela relação das novas informações e imagens com as experiências, com os comentários e com as produções das próprias crianças.

E, enredados nessa boa mistura de palavras, manejos e novos saberes, foram emergindo identificações com os artistas, acontecimentos que se relacionaram, situações familiares, novas incorporações à aula... E toda a vida que gira em torno de um grupo que cresce, aprende e desfruta.

A teoria das peças soltas

Em 1972, o artista e arquiteto Simón Nicholson publicou um interessante artigo intitulado *La teoria de las piezas sueltas. Un importante principio para la metodologia del diseño*,[1] que pudemos conhecer graças ao texto de Àngela Bosch (2014), na revista *Infância*. Nicholson chamava de *peças soltas* os objetos sem finalidade lúdica que, em determinado contexto, permitem a uma pessoa explorar sua criatividade e regozijar-se com ela, e defendia que "em qualquer ambiente, tanto o nível de invenção quanto o de criatividade, bem como a possibilidade de descoberta, são diretamente proporcionais ao número e ao tipo de variáveis que se tem ao alcance". Em seu entender, havia, pois, que criar ambientes ricos com materiais pouco específicos, que dessem lugar a processos de jogo abertos; assim, as ideias se combinariam, multiplicar-se-iam e gerariam novas aprendizagens.

O artista reitera a importância de oferecer às crianças, desde bem pequenas, materiais estimulantes, tempo para explorá-los, e possibilidades de se envolver, testar, fazer e desfazer sem medo, porque, em um ambiente altamente interativo, as crianças agem sem se coibir, exploram e experimentam sem preconceitos em relação ao processo, nem à imagem que projetam de si próprias. Além disso, mostram sua curiosidade, sua naturalidade, sua maneira de se relacionar com o exterior, sentem-se livres e desfrutam das possibilidades de criar.

---

[1] N. da T.: *A teoria das peças soltas. Um importante princípio para a metodologia de design*, em tradução livre.

Lendo a teoria de Nicholson, chegamos à conclusão de que essas ideias residem em nossa escola há bastante tempo, embora ainda incógnitas. De fato, aqui, optamos, persuasivamente, por permitir às crianças tempo, ânimo e permissão para suas criações, e, assim, elas ficam lindas! Além disso, basta ver nossos armários: estão cheios, transbordando, das peças soltas de Nicholson! Dos tecidos aos botões, das conchas aos espelhos, das caixas aos rolos de pintura, das madeiras às fantasias, das sementes aos restos de qualquer tipo de coisa que nos pareça utilizável para que nossos alunos e alunas possam misturar, inventar, jogar, brincar, compor, desfrutar... e exercer seu papel de meninas e meninos criativos, curiosos e felizes.

O trem dos 100

Sem ir mais adiante, esta terça pela manhã, cada criança chegou à escola com uma tampa de caixa de sapatos na mão, um sorriso de expectativa e a atitude curiosa e alegre de notar que algo novo estava em preparação. Nós, professoras, tínhamos pedido que contribuíssem com uma tampa para fazer um trem de 100 vagões, que ficaria em todo o perímetro da Sala Grande, como forma de recebimento festiva e de apresentação coletiva do projeto de arte deste ano: *Colagem*. A ideia era que decorassem suas caixas de maneiras diferentes, pusessem uma pequena pelúcia, um boneco ou um animal de plástico como personagem, para fazer uma colagem próxima, divertida e colorista.

Os meninos e as meninas de 4 anos, os Cangurus, iniciaram a tarefa pintando o fundo das tampas com guache sólido, desenhando janelas, luzes e poltronas, e, até mesmo, adicionando pedaços de uma caixa de bombons, letras e outros detalhes particulares. Ao final, colocaram as rodas e foram grampear seu personagem, empolgados, desejando ver o resultado que, decerto, foi magnífico.

Era bonito ver como trabalhavam enquanto iam formulando e expressando suas experiências e suas hipóteses lúdicas. Como fizeram de quatro em quatro, via-se que moviam suas personagens, fazendo-as falar, colocando-se em relação umas com as outras. Brincavam e pintavam, riam, olhavam seu trabalho, conversavam:

– Eu vou pintar duas janelas com cortina, porque vi um trem assim quando fui pra Albacete[2] com minha mamãe.

– No meu vagão, vou colocar uma revista, para que meu ursinho leia.

– Eu, um bombom para meu coelho.

– No meu vagão, tinha um cartaz que dizia: "Aqui vai o Mickey Mouse" (era a pelúcia que a criança havia escolhido).

– Eu me pintei no meu vagão, porque nunca andei de trem.

– Meu vagão tem bar e banheiro, caso eu queira uma Fanta ou fazer xixi.

– Eu peguei uma pedra, porque eu gosto de pedras.

E, quando o trabalho se torna brincadeira, os meninos e as meninas se envolvem verdadeiramente, aprendem, enchem-se de satisfação e ampliam sua rede de conhecimento. Porque a brincadeira é a forma natural de uma criança pequena, seu ambiente preferido, o "elemento-mãe" para crescer e aprender com prazer e saúde.

Gaveta de alfaiate

Há alguns anos, tive a oportunidade de ver, na Fundação Joan Miró,[3] uma exposição temporal de obras de Joan Brossa[4] que eram consideradas *poesia visual*. Desde o primeiro momento, fui inundada pela surpresa, pelo prazer e pela alegria. Desde o primeiro olhar, o deslumbramento prevalecia

[2] N. do E.: cidade espanhola localizada na província de Castela-Mancha.

[3] N. do E.: museu de arte contemporânea localizado em Barcelona, idealizado pelo próprio Miró.

[4] N. do E.: poeta e dramaturgo espanhol que, por ter sido também *designer*, é muito conhecido por trabalhar o texto pelo lado das artes visuais.

em relação às outras sensações. Desde esse banho de novidades, senti que aquilo com o que se brincava era o lúdico, o humor, a diferença, o atrevimento e uma liberdade interior com desejo de comunicar.

Ver essas faíscas de pequeno formato, mas de grande força, foi uma descoberta para mim, uma comoção. Algumas ficaram na lembrança, como duas chaves que parece se olharem, uma poltrona com assento de raposa, quadros com letras divertidas, relógios com mais ponteiros... ou com menos. Objetos deformados, quebrados, montados com lógicas arrojadas e diferentes. Palavras que servem de fio condutor para conectar utensílios, materiais ou elementos do cotidiano. E a forma de entender essas misturas incomuns e estrambólicas fica para cada um, em uma leitura individual, que faz todo o nosso mundo particular se mobilizar e reagir com agrado ou com repulsa, em acordo ou em desacordo, com admiração ou com reprovação.

É uma arte chamativamente estranha; uma arte lúdica; uma arte carregada de simbolismo, de ideias, de beleza. Condensada como a poesia, deslumbrante como a invenção, criativa como o que acaba de vir à vida. Esse banho de deslumbramento não apenas aconteceu comigo com Brossa; também me impressionaram Bruno Munari,[5] Isidro Ferrer,[6] Adolfo Nigro,[7] Chema Madoz,[8] Susana Guerrero[9] e tantos mais.

Tentando transmitir às crianças essas impressões pessoais a fim de compartilhar com elas a apreciação pela beleza, mostro-lhes cartazes, imagens, livros ilustrados, explico-lhes como conheci alguns artistas e digo-lhes por que gosto deles. Em outras palavras, exponho-me como sujeito sensível à arte, pretendendo o efeito de contágio, não para que gostem das

---

[5] N. do E.: artista plástico e *designer* italiano cuja obra perpassou por temas como jogos, brincadeiras e infância.

[6] N. do E.: artista plástico espanhol contemporâneo cuja arte encontra técnicas e suportes diferenciados para se manifestar.

[7] N. do E.: artista plástico argentino cujas pinturas passam por temas tanto naturais quanto políticos.

[8] N. do E.: premiado fotógrafo espanhol. Suas fotografias mostram perspectivas diferentes de situações cotidianas, em preto e branco e tons sépia.

[9] N. do E.: artista visual espanhola que utiliza diversos recursos diferentes em suas obras.

obras que são de meu agrado, mas, sim, ao menos, para abrir a curiosidade delas e o desejo de conhecer o fato artístico.

Dessa forma, seguindo o fio da técnica da colagem, ocorreu-me fazer uma "gaveta de sastre", isto é, de alfaiate,[10] contendo objetos de costura, cuja aparência fosse esteticamente agradável, abrangendo várias questões relacionadas com o tema que nos ocupava, com meus alunos e com minhas alunas. Por um lado, incluí o que nos explicou Manuel sobre seu avô, que fazia ternos, porque era alfaiate, como o protagonista do conto *¿Quién ha visto las tijeras?*, de Fernando Krahn.[11] Por outro, lancei uma brincadeira com as palavras, fazendo-as ver que nossa gaveta "de sastre" estava muito arrumada e bonita, ou seja, que não era nenhum "desastre".[12] Logo captaram o jogo de palavras, e riam; contaram aos seus pais: "*Temos uma gaveta 'de sastre' que não está um 'desastre'*". "*Podemos mexer e organizar até as agulhas*", dizia Joaquín. "*Eu gosto do dedal, porque minha avó tem um e me deixa usar*", explicava Pau.

A gavetinha tinha um cartaz que dizia "Gaveta de alfaiate", e uma foto de Esteban, o avô de Manuel, e teve muito sucesso. Os mais velhos adicionavam ao assunto o conhecido "quartinho da bagunça", presente em muitas casas, no qual se acumulam tralhas de todo tipo. Os pequenos olhavam e tocavam os botões, os fios, as agulhas, o alfineteiro, o dedal, as fitas etc. Aquilo se transformou em uma interminável brincadeira coletiva; em diversão; em um modo diferente de conceber a colagem no projeto em que estávamos imersos; em algo mais próximo das propostas surpreendentes de Joan Brossa e de outros artistas do surrealismo, algo certamente muito sugestivo e imaginativo.

---

[10] N. da T.: "*cajón de sastre*" no original. Em espanhol, essa expressão denota, de forma coloquial, um conjunto de coisas variadas e desordenadas. No entanto, como costuma acontecer na língua, muitas pessoas se confundem pela pronúncia. Em português, a preterida palavra "sastre" vem do latim, ao passo que "alfaiate" se origina do árabe.

[11] N. da T.: *Quem viu as tesouras?*, em tradução livre, obra de literatura infantil de Fernando Krahn, cartunista chileno radicado na Espanha.

[12] N. da T.: uma brincadeira com a expressão "*de sastre*" ("de alfaiate") e a palavra "desastre".

No princípio, duvidei se faria ou não, porque procuro que sejam os próprios meninos e meninas aqueles que se aproximam, toquem e testem como criar, com a máxima liberdade, suas próprias produções. E, nesse caso, era eu mesma quem iria atraí-las à gaveta de alfaiate já preparada, mas logo decidi me arriscar e me deixei levar pela intuição, que me havia feito chegar a essa ideia. E não me arrependo.

Passados alguns dias, Iker trouxe à sala uma sacola cheia de tampas de muitos tipos. Antes que mostrasse aos seus colegas, comentei que tinha chegado um presente para nós: um montão de tampas que não sabia para o que podiam nos servir:

– Estão um desastre, porque há tantas... É que, na minha casa, bebemos muito – disse Iker.

– Bom, nós podemos organizar – sugeri.

– Tudo bem.

– E as gastamos para tirar as pontas.

– Ou para colá-las em uma colagem.

– Ou para fazer formas bonitas.

– Ou letras.

– Ou números.

– Ou casas com ruas.

– Ou para brincar.

Uma vez definidas as possíveis utilidades do material, levei as tampas ao chão, justo ao centro do círculo que as crianças formavam. Houve um instante de grande expectativa e, em seguida, o efeito colorista que produziram, o barulho ao cair... e a vontade das crianças de tocar as tampas fizeram que se lançassem – literalmente – sobre elas. Esperei alguns minutos e, depois, pedi-lhes um pouco de calma para poder começar:

–Vamos ver, Joaquín, como você faria?

– Eu pegaria as azuis – disse Joaquín, e se colocou a separá-las em um monte.

– Sira, Álex, Emma e Daniel podem ajudar, senão, você vai se cansar.

Depois, Pablo, Jaume, Adriana e Sofia se encarregaram das tampas brancas; Iker, Claudia, Marina e Lola, das vermelhas, e assim sucessivamente, todos os demais foram saindo a ordenar o atrativo desastre. Era um ambiente concentrado, muitas mãos em ação ao mesmo tempo, muitos olhares. Eram como formigas repartindo um bolo.

Ao longo do tempo em que estiveram trabalhando, surgiram dúvidas e comentários que me fizeram ver o quão envolvidos estavam em sua tarefa:

– Aqui tem uma tampa azul e branca – disse Irati. Onde devo colocar, nas azuis ou nas brancas?

– Coloca de boca pra baixo, assim, não se vê o branco, e você pode colocar nas azuis – dizia Joaquín, poupando energia.

– Não, porque eu já sei que tem branco, porque eu vi – mantinha Irati, como plano rigoroso.

– Pois coloca perto das brancas e das azuis – disse Álex.

– Eu encontrei uma azul-escura. Coloco nas azuis ou separo? – perguntou Pablo.

– Bom, todas são azuis, junta – dizia Laura.

– Tem muito poucos de cor castanha – comentava Siena.

– Mas são bonitas – apoiava Manuel.

– De cor laranja, só temos cinco – indicava Aitana.

– Lilás só tem um – atentou-se Eva.

Continua

Continuação

– O lilás empata com o amarelo, em um – disse Pau.

– Esta tampa vermelha e branca, coloco perto das brancas ou das vermelhas? – perguntava Alexandra.

– Sim.

– Vocês sabem por que as vermelhas ganham? Porque na minha casa bebemos muita Coca-Cola – aclarou Iker.

E, com a colaboração de todos, o desastre se transformou em uma série de montinhos de tampas de cores mais aparentes e úteis.

– Agora, não juntem, porque assim está muito bom – pediu Manuel.

– Podemos guardá-las em sacolas ou em caixas – completou Pablo.

– Melhor se guardarmos em sacolas transparentes, assim, eu pegarei a cor que eu quiser, porque se pode ver claramente – dizia Sira.

– Sim, guardamos sem "desastrar" – acabou Laura.

Nesse momento de trabalho coletivo, as crianças se esforçaram para conseguir seu objetivo principal, que era "arrumar as tampas". Entretanto, esmiuçando essa tarefa e atribuindo nomes curriculares às microtarefas contidas, podemos ver que fizeram:

- classificações;
- conjuntos;
- discriminação de cores, de tamanhos e de formas;
- comparação de quantidades;
- recontagem;
- manejo de vários conceitos matemáticos (maior/menor/igual; um/muitos/poucos etc.) e espaciais (perto/longe/em volta de/no meio);
- descoberta intuitiva da ideia de intersecção etc.

Porém, além disso:

- trabalharam em pequenos grupos;
- esperaram sua vez;
- observaram o trabalho dos demais;
- verbalizaram ideias e dúvidas;
- chegaram a alguns acordos;
- viram como o material se transformava mediante sua ação, passando de ser algo disforme a ordenado;
- observaram juntos e dialogaram sobre o que viam;
- valorizaram sua tarefa.

E, enfim, deram um uso significativo a suas reflexões e ações; por isso não se cansaram, nem se queixaram; por isso estiveram absortos na tarefa; por isso foram avançando entre pensamentos e manipulações em relação à missão que tinham decidido fazer. Porque, às vezes, os desastres possibilitam coisas boas. Embora se arme um pouco de confusão, ou tenhamos que deixar para outro dia o que havíamos planejado realizar...

Pássaros na cabeça[13]

Acabo de conhecer pessoalmente Sara Huete, uma artista da colagem que havia descoberto apenas algumas semanas antes (e passei a admirar), em virtude de nosso projeto de arte, sobre o qual fiz pertinentes verificações na internet. Sentamo-nos diante de um café e de um mar inteiro, e contamos algumas andanças, experiências e prazeres que compartilhávamos sem saber. Um momento adorável, uma interação calma e, ao mesmo tempo, vital e apaixonada. Sorte boa que, ainda hoje, agradeço.

[13] N. da T.: no original, "*pájaros en la cabeza*". Seria similar às expressões "ter minhocas na cabeça", "ter a cabeça oca" ou "ter a cabeça nas nuvens", o que quer dizer que se trata de uma pessoa com ideias tolas, sem sentido, fantasiosas. Optou-se por seguir a locução idiomática do original por conta da relação com a anedota que será contada mais adiante.

Ela trabalha a poesia visual, colocando versos em suas obras plásticas e em objetos reais, fazendo maravilhosas fotografias de antes e do momento presente, entre outras muitas coisas. Para mim, suas criações me fazem pensar em Joan Brossa, em Bruno Munari, em Isidro Ferrer, em uma imaginação valente e clara, em surpresas e em bom humor.

Falando e falando, vi que nós duas temos "pássaros na cabeça", porque nós duas conservamos sobre a vontade de brincar, e porque as duas (cada uma à sua maneira) fazemos invenções com base na mistura dos desejos com as palavras, das lembranças com os sonhos, das brincadeiras com as belezas...

Sara me explicou, em linhas gerais, sua vida, sua paixão por figurinhas recortáveis da Mariquita Pérez,[14] seu apego às tesouras, sua necessidade de se fazer entender. Também sua preferência pelo divertido, pelo deslumbramento, pelo novo, e seu costume de reunir tudo. "*Quase como as da síndrome de Diógenes*",[15] dizia. Mostrou-me (e presenteou-me com) catálogos de várias de suas exposições. Ademais, relatou-me seu processo criador; sua dedicação cotidiana como bibliotecária; as oficinas que, às vezes, oferece aos professores de sua terra (Santander)[16] e seus próximos projetos: expor em Madri dentro de uma mostra de vinte artistas espanhóis renomados em colagem, e finalizar sua representação de *Dom Quixote de la Mancha*, obra com a qual se sente muito deleitada e feliz.

Eu contei a ela algumas coisas sobre meu percurso como professora, meus textos e minhas humildes aproximações à arte. Ela gostou de saber que meus alunos estão envolvidos com suas colagens, que querem

---

[14] N. do E.: boneca espanhola criada por Leonor Coello de Portugal em 1938. Foi fabricada até 1976, tendo sido muito popular entre os anos 1940 e 1960.

[15] N. do E.: doença em que o indivíduo passa a não exercer o autocuidado de maneira extrema, passando a não limpar sua residência e chegando ao ponto de fazer colecionismos de objetos considerados residuais ou descartáveis pelas pessoas sem a enfermidade, como restos de comida ou embalagens. A síndrome também se caracteriza por comportamento paranoico e isolamento social por parte da pessoa por ela acometida. Seu nome deriva-se do filósofo grego conhecido como Diógenes, o Cínico, uma figura controversa, que, supostamente, vivia perambulando por locais considerados insalubres.

[16] N. do E.: capital da região da Cantábria, localizada no norte da Espanha.

desenhar o cabelo cheio de caracóis, ou a roupa de pedras, de letras ou de peças de dominó; que há quem peça a seus pais que o deixe levar uma tesoura no bolso para poder recortar as coisas "*como Sara Huete*"; que captam algumas das brincadeiras que seus trabalhos apresentam, como a de colocar meias curtas de bebê em um cavalo, para "*passar sem fazer barulho*"; que fazem rimas com seu nome: "*Sara Huete gosta de sorvete*"...[17]

Disse a ela que as crianças fizeram uma colagem inspirada em suas obras, tendo como base uma caixa pequena, na qual foram feitos desenhos e colocados objetos de sua escolha: conchas, pedras, penas, pequenos bonecos, "pérolas"... E Sara deu muita risada quando disse que mostrei às crianças um fotografia sua retirada da Internet, e ao perguntar a elas "*de que ela tinha cara*", disseram: "*de bonita*", "*de boazinha*". Como modifiquei minha pergunta ("*Mas ela tem cara de bibliotecária ou de artista?*"), disseram que "*de bibliotecária*". Disse às crianças que concordava, mas que ela fazia coisas tão bonitas que, sem dúvida, seria uma bibliotecária muito alegre e muito artista.

Sara comentou, também, que gostaria de fazer uma exposição monotemática sobre a conhecida frase "*Ter a cabeça cheia de pássaros*".[18]

– Como a gente? – disse eu, de brincadeira.

– Sim, sim, e com pássaros diversos, reais ou imaginários, ou pássaros em outras partes do corpo... Algo divertido e surpreendente.

Então, eu lhe contei que, no ano anterior, em uma excursão, uma águia real adestrada pousou na minha cabeça, e isso me deu a ideia de pedir às crianças que se desenhassem "com pássaros na cabeça". Aproveitei para esclarecer o significado da frase; assim, além de conseguir alguns ótimos trabalhos, ampliaram seu repertório das estranhas e chocantes maneiras que tem a linguagem para expressar e se expressar. Quantas amáveis coincidências...

[17] N. da T.: no original, "*A Sara Huete le gusta el cacahuete*". Esta última palavra significa "amendoim".
[18] N. da T.: no original, "*Tener la cabeza llena de pájaros*".

Pergunto-me o que aconteceria se a escola realmente abrisse suas portas à cultura, ao seu entorno, à vida... Quais sensibilidades novas se criariam nos meninos, nas meninas e nos professores se a arte, a música ou a literatura tivessem um espaço em nossos centros escolares?

Como nós, professores, focalizaríamos as tarefas plásticas se perdêssemos o medo da arte autêntica e tivéssemos medo dos cartões entediantes, pobres e estereotipados que reduzem a imaginação de nossas crianças?

O que aconteceria se os artistas pudessem entrar para mostrar suas obras, tocar suas músicas, apresentar suas peças e contagiar crianças e professores com a vontade de criar? Ou se fossem as crianças as que saíssem para olhar os museus, as fontes, as esculturas ou os edifícios das cidades e dos povoados para se familiarizar com as coisas belas?

Em nossa experiência, o que podemos dizer é que, cada vez mais, meninos e meninas propõem, experimentam e sugerem temas, formas de fazer, materiais ou composições; desfrutam as tarefas plásticas; não têm medo "de que não saia"; atrevem-se a idealizar, a modelar, a misturar e a incluir em suas produções quaisquer coisas que lhes ocorra; valorizam o belo ali no lugar em que o encontram. E, conforme crescem, seguem experimentando e aproveitando. Escrevem contos e poesias, desenham, pintam, dançam, modelam, tocam instrumentos, projetam, fazem teatro...

Talvez se permitir olhar e admirar o que fazem outros implique permitir-se tolerar o vazio, e permita que nos movamos em direção ao êxito da satisfação de nossos desejos, em um processo que não é outro senão o de criar, aprender, estar ativos e viver em busca do que queremos.

E, então... Jaume chegou

Neste janeiro, Jaume entrou na turma dos Cangurus. Vinha contente e, também, um pouco nervoso. Todos o olhávamos, e, de volta, ele nos olhava com atenção. Quando comecei a lhe contar nossos costumes, Daniel tomou a palavra inesperadamente e fez uma espécie de resumo em tom de comício, que pareceu uma declaração de princípios:

– Olha, Jaume, neste colégio, nós aproveitamos muito todos os dias. Tem teatro às sextas, fazemos oficinas, e você pode ir à oficina que quiser. Além disso, aqui não temos nem loucos, nem tontos, nem maus. Feios, também não. E você pode brincar.

– Mas não pode bater, nem gritar! – acrescentou Álex energicamente.

– Nem empurrar, nem jogar nada no chão – disse Eva.

– Nem machucar os amigos – seguiu Laura.

– E, às segundas, sempre começa um conto novo – indicou Manuel.

– E uma poesia – completou Irati.

– E, se for a vez de "mostrar", você traz o que tiver: a camiseta, os tênis, as lagartas, um brinquedo da sua casa... – destacou Daniel.

– E, se for a vez de "falar", você conta o que quiser. Hoje, eu contei que fui para Paris e trouxe uma Torre Eiffel e uns brincos de brilho para a Sira, minha namorada – disse Pablo.

– E para mim, que os Reis[19] trouxeram um microfone e uma guitarra, porque sabemos cantar e dançar – acrescentou Iker.

– E, se cortarem seu cabelo, cantamos *A canção do "carequinha"*,[20] e, se sua mãe souber fazer rosquinhas, ela vem e faz aqui – comentou Estela.

– E vamos de excursão a Rompeculos[21] – apontou Daniel.

– E a Mari Carmen faz o peru, e nós todos rimos – explicou Aitana, sorrindo.

– E o que eu digo é que ainda não dissemos a Jaume nossos nomes. Assim, não vai poder nos chamar – avisou Joaquín de forma perspicaz.

[19] N. do E.: referência aos presentes recebidos no Dia de Reis (6 de janeiro), festa cristã bastante popular na Espanha e em Portugal.

[20] N. da T.: *La cancion del peladito*, no original.

[21] N. da T.: praia localizada em Huelva, Espanha.

Ficamos de fazer as apresentações pela tarde. Desse modo, por volta das 15 horas, as crianças e nós, as professoras, colocamo-nos em círculo e fomos dizendo como nos chamávamos, para que Jaume nos conhecesse. Fizemos isso lançando uns aos outros um novelo de lã, que foi formando um emaranhado, que segurávamos entre risadas e puxões.

Não creio que Jaume tenha captado os nomes de todos os seus colegas, mas acredito, sim, que tenha ficado com a sensação de acolhida, porque foi tangível. O grupo o recebeu... e isso se sente.

Um momento muito bonito e uma íntima maneira de começar o trimestre.

Bem-vindo, Jaume!

Posso brincar contigo?

Um mês cheio de novidades sociais. Não só chegou Jaume e nasceu Lola, a irmãzinha de Adriana, mas, também, inesperadamente, Antonio juntou-se à nossa turma, recém-chegado da Argentina. No primeiro dia, ficou só por um momento e, na manhã seguinte, já chegou pronto para o que desse e viesse. Desta vez, as apresentações foram feitas com um carrinho verde que ele trazia, que era lançado a cada colega, que lhe dizia como se chamava. Foi muito bom; ele estava um pouco alterado, mas contente. Durante a brincadeira, ouvi que perguntava a alguém: "*Posso brincar contigo?*". E a resposta foi: "*Quem é 'tigo'?*".[22]

[22] N. da T.: no original, "*¿Puedo jugar con vos?*" / "*¿Quién es 'vos'?*". Como Antonio é argentino, utilizou o tratamento informal de *voseo*, muito característico da região do Rio da Prata, mas desconhecido da outra criança, por não ser um tratamento utilizado na Espanha. No *voseo*, utiliza-se o pronome *vos* no lugar de *tú*.

Outras novidades foram que Irati deixou de mamar; que Laura começou a dormir em seu quarto; que Pablo deu de presente à sua namorada, Sira, um chaveiro de Paris; que Claudia e Sira tiveram primas novas... E que se armou uma bela confusão quando uma das meninas se desentendeu com outra, dizendo-lhe que era um bebê porque falava mal, "*como os bebês*". Como a própria vida.

4

Esquisitices (ou "como fazer um programa de televisão verdadeiro")

Fonte: Equipe de imagem e som UA (Alicante, Espanha).

O "homem" e a "mulher" do tempo ficaram em pé diante de uma tela azul brilhante e, enquanto os microfones eram colocados, apareceram no televisor que tinham diante de si, com um mapa do tempo posicionado atrás deles. Embora o mapa saísse na televisão, na verdade, não estava atrás deles, isso os confundiu um pouco. Olhavam para a frente e para trás sem parar, com cara de estranheza. O surpreendente mapa os havia enganado. Para nós, espectadores, a cena era incrível. Notavam-se o desconcerto e o entusiasmo, a preparação e o medo cênico, as palavras que queriam dizer: "Existem dois tipos de tempos, um é o meteorológico, que é o tempo que faz, e o outro que é o tempo que o relógio mede"... E a simplicidade de seus comentários espontâneos: "Em Alicante, como sempre, vai fazer calor".

Neste projeto desenvolvido com a iniciativa de uma das famílias de meus alunos, pudemos tornar realidade um sonho: gravar um programa em um autêntico estúdio de televisão! Foi uma tarefa emocionante e divertida para todos os envolvidos, da qual ficou uma boa recordação, além de um DVD de excelente qualidade com o testemunho da experiência vivida.

Desde o princípio, tudo estava saindo bem: planejar a atividade com os pais de Iván; incluir as ideias que as próprias crianças davam; obter conhecimentos, emoções e satisfação; aproveitar a participação dos demais pais da turma e dos professores da escola; e, sobretudo, contemplar a atitude animada, valente e decidida dos pequenos.

Notei que a autoestima aumentou muito nesses dias, assim como o cuidado mútuo, que era maior do que outras vezes; respeitavam suas diferenças e falavam com naturalidade. Aquilo parecia uma verdadeira estreia, carregada da excitação que surge em todo o grupo que prepara um espetáculo. Uma experiência memorável e divertida.

***

Há alguns meses, minha amiga Hilda Weissmann[1] me presenteou com preciosos livros brasileiros, para ver se podia aproveitá-los com meus alunos. Em um deles, que se chama *A árvore que dava sorvete*, de Sérgio Capparelli, aparecia uma poesia muito divertida: *Esquisitices*, bastante rimada, que li em sala, primeiro em português e, depois, em espanhol.

---

[1] N. do E.: educadora espanhola na área da Educação Ambiental.

Em Jataí
é proibido fazer xixi.

Em Cotiporã
é proibido casar com rã.

Em Jaboticabal
é proibido comida com sal.

Em Salvador
é proibido sentir dor.

Em São Expedito
é proibido comer mosquito.

Em Guarabobô
é proibido fazer cocô.

Em Guaxupé
é proibido cheirar chulé.

Em Aquidauir
é proibido proibir.

Elas gostaram, e, com base nela, alguns seguiram o fio condutor das não proibições:

– Pois, se é proibido proibir, poderia entrar no mercado montado em um elefante.

– E, se é proibido proibir, poderia deixar o carro na rua sem tomar multa.

– E se é proibido proibir poderia bater...

E outros, o de inventar parelhas com a mesma estrutura que a do verso original:

– Em Alicante é proibido ser dançante.

– Em Alicante é proibido ter diamantes.

– Na Espanha é proibido fazer barganha.

– Em Madri é proibido fazer xixi.

– No Japão é proibido comer feijão.

– Na Etiópia é proibido fazer cópia.

– Em San Juan é proibido fazer pam pam.

– Na Argentina é proibido jogar serpentina...

– Em Sevilha é proibido comer baunilha.[2]

Assim, ficou e nos serviu como um novo entretenimento. Agora, recorro às "esquisitices" para colocar nome a este capítulo, no qual vou contar o projeto em que estamos imersos e que nos tem cativado. Um projeto tão doce e saboroso como um delicioso bombom recheado.

Sairemos na televisão!

Um belo dia, os pais de Iván nos convidaram para visitar seu local de trabalho, na Oficina da Imagem da Universidade de Alicante, para

[2] N. da T.: seguem as rimas originais: "*En Alicante está prohibido ser cantante.* [cantor]/*En Alicante está prohibido tener diamantes./En España está prohibido llevar legañas.* [ter remela]/*En Madrid está prohibido hacer pipí.* [xixi]/*En Japón está prohibido comer arroz./En Etiopía está prohibido enseñar la pilila.* [mostrar o pipi]/*En San Juan está prohibido hacer pam pam.* [palmada] /*En Argentina está prohibido hacer caquina...* [cocô]/*En Sevilla está prohibido sentarse en una silla.* [cadeira]".

que as crianças conhecessem como é um estúdio de televisão visto por dentro. Sua ideia era mostrar os holofotes, as câmeras, as salas de isolamento acústico, uma máquina-robô que copia CDs, e várias outras coisas. Propuseram-nos, inclusive, fazer uma pequena gravação e disseram-nos que depois poderíamos comer juntos no refeitório de estudantes, coisa que todos amaram.

Uma vez selecionado o dia e organizados os aspectos mais formais (transporte, autorizações, horários etc.), começamos a planejar em que a saída consistiria. Por parte da família que a propunha, havia um interesse claro: "*Queremos que as crianças conheçam coisas novas e se divirtam*". Eu compartilhava com eles esse interesse, mas, além disso, tinha o desejo de aproveitar essa imersão no mundo audiovisual, a fim de que seguissem avançando em suas aprendizagens e entrelaçando a trama afetiva e relacional do grupo.

Por isso, quando conversávamos, os pais de Iván e eu, eles propunham ver e testar um aparelho ou outro, e eu pretendia que se fizessem turnos para olhar pelas câmeras (para evitar rivalidades); que todos tivessem um lugar bom para se sentar para olhar e interagir com os demais (para que se sentissem incluídos e cômodos); que, nas equipes que se formavam para visitar as instalações, os grupos habituais fossem misturados (para favorecer outros encontros), e coisas assim. O denominador comum era a vontade de apresentar às crianças uma experiência agradável e duradoura, que poderia servir a todos como diversão e aprendizagem.

Ao longo das três semanas anteriores ao dia da excursão, falamos, modificamos os planos, escutamos os anúncios e os recados de Iván, e ensaiamos o programa. Isso, sim, tivemos que esclarecer às crianças: não seria um programa que sairia em todas as televisões, mas, sim, que seria gravado e, depois, poderíamos copiá-lo, para que cada um pudesse vê-lo em sua casa e em sua televisão. Isso foi algo que se custou a entender e a aceitar; dessa maneira, Iris propôs "*levar um dos DVDs à televisão de verdade, para poder ver em todas as televisões da Espanha*".

O roteiro

Para o programa, pensei que ficaria bom se as crianças fizessem algumas pequenas atuações em grupo; assim, a gravação recolheria de forma mais personalizada parte de nossos saberes e de nossas preferências. Desse modo, anotei uma série de possibilidades, incluindo, também, ideias dos pais de Iván e das próprias crianças. Ao lhes explicar o projeto, vi que algumas tinham cara de preocupação, então, tentei tranquilizá-las, dizendo que, se algo não saísse, ou se ocorresse algum erro, absolutamente nada aconteceria, porque isso era uma oficina para conhecer e aprender, e, se quiséssemos, poderíamos gravar de novo. Igual a quando escrevíamos algo na lousa, errávamos e começávamos mais uma vez, dizendo "*vamos virar a página!*" ou "*errar é humano*".[3]

Os critérios nos quais me baseei para a escolha dos diferentes papéis foram vários. Tentei dar a cada um uma tarefa que se aproximasse às suas preferências e às suas habilidades, levando em conta o nível de dificuldade das tarefas, a forma de se expressar de cada um, as vergonhas, que houvesse meninos e meninas nos pequenos grupos, as amizades...

Em minha turma, há algumas crianças que se sentem contentes quando observadas, que sempre falam, propõem e se oferecem para participar de peças e de danças. Há outras, em contrapartida, que são tímidas e preferem estar em segundo plano, sentindo-se mais cômodas atuando no âmbito de um pequeno grupo, e não sozinhos diante do grande grupo. Também há aquelas que, no início do ano, mostravam-se retraídas e, agora, já estão mais seguras. Há quem seja capaz de averiguar e de reter informações sobre aquilo que lhe interesse; quem memorize com facilidade etc. Enfim, cada um é como é, e por esse motivo, as formas de agir são diferentes para cada indivíduo.

Porém, ainda que eu tenha colocado empenho e cuidado no preparo do roteiro, preciso que dizer que foi bastante trabalhoso, já que me

[3] N. da T.: no original, "*borrón y cuenta nueva*" e "*el que tiene boca se equivoca*".

surgiram muitas dúvidas. Não queria que nenhuma criança se sentisse mal diante da tarefa que lhe propusesse, nem que a satisfação que pretendíamos obter se transformasse em angústia. Também temia que houvesse pais que não entendessem meus motivos para a designação de papéis, ou não concordassem com eles. As crianças sabem que *quero o melhor para elas*, que não costumo desmerecer ninguém e que me importo que se sintam bem, mas, talvez, alguma família pudesse pensar que seu filho ou sua filha podia não ter ido bem por causa da divisão das tarefas. Ademais, estava com medo de que se refletissem projeções minhas, esquecimentos ou equívocos.

E isso acontece porque trabalhar na escola, levando em conta as diferenças entre as crianças, é algo complexo. Falar da diversidade, de que *todos somos diferentes* ou de que cada criança tem algumas características particulares é um discurso muito atual no âmbito escolar. No entanto, na prática cotidiana, vemos que, se destacarmos alguém como diferente, surgem, às vezes, rivalidades e desentendimentos tanto nas crianças quanto nos pais, e, até mesmo, em nós, os professores. E é porque constatar nossas diferenças implica aceitar que não temos tudo, que há coisas que nos faltam, e que há outros que têm o que nós desejamos.

Por isso, querendo ou não, relembramos nossas próprias experiências infantis no âmbito familiar e no escolar, e nos despertam antigas sensações de insegurança, de inveja, de raiva ou de solidão. É como se revivêssemos acontecimentos afetivos de outros tempos e voltássemos a pensar no lugar de consideração que ocupávamos diante de nossos pais e irmãos, ou se, na escola, sentíamo-nos reconhecidos e notados. São movimentos internos muito primitivos, mas que permanecem vivos nas pessoas.

Dessa maneira, quando vemos nossos filhos em uma situação de grupo, nossa própria história se faz presente e, muitas vezes, reagimos querendo lhes facilitar a transição, querendo o melhor para eles, ou querendo lhes poupar aquelas situações que talvez nos lembrem as que nos tocaram de alguma forma...

A infraestrutura

Certa manhã, fui visitar o estúdio de televisão a pedido dos pais de Iván. Ali, entre os holofotes e a magia da nova linguagem que vislumbrava admirada, mostraram-me o percurso que faria no dia da excursão pelas instalações da oficina, e me explicaram os *chroma-keys* que julgavam ser mais adequados para cada atuação, o posicionamento que propunham para as crianças que atuavam e para os que olhavam, a divisão do tempo etc.

Também comentamos como poderia ser o desenho da bolacha (papel adesivo que identificaria o DVD que cada criança levaria). Eu sugeri que as próprias crianças as desenhassem e escolhessem o desenho entre todos os realizados. Eles pensaram que poderíamos utilizar os demais desenhos como fundo animado e para colocar os títulos das atuações, os nomes dos artistas e o "FIM". E assim se fez. O escolhido pela maioria foi o desenho de Rosa, mas ele esteve acompanhado de muitos outros desenhos que animaram a gravação. Eram todos tão bonitos e tão cheios de cor que foi uma alegria vê-los incluídos. Os preparativos iam de vento em popa!

Enviamos um bilhete às famílias explicando nossos planos. Entre nós, alunos e professora, dedicamo-nos a falar sobre o que faríamos e veríamos no estúdio, a ensaiar um pouco e a riscar toda tarde um dia no calendário da turma. Havia comentários e sugestões das crianças que vinham totalmente à tona:

– Nós, que vamos falar a poesia do "pássaro-morango",[4] poderíamos vir vestidos de "cor morango".

– E de azul os que ficamos com a "*Zu zu zu, azú azú*".[5]

– Poderíamos levar o microfone que temos na sala para apresentar.

– Não, porque lá tem muitos microfones. E, também, não se confundam, porque não é preciso dizer "*câmera, ação!*", como dizemos nas peças de teatro, mas, sim, "*luzes, câmera, ação!*", porque meu pai me disse – dizia Iván calorosamente.

– E se esquecermos o que temos que dizer?

– Aí, eu digo baixinho o que vocês devem falar, ou gravamos de novo – dizia eu. E se lembrem de que tudo bem se alguém se esquecer ou se confundir, porque estamos fazendo isso para nos divertir.

– Os meninos podiam colocar as gravatas que trouxeram na festa de Natal, que ficavam muito bonitas e combinam com isso.

– A cozinheira vai fazer a comida é a mãe de Sara, da turma dos Golfinhos – informava Iván, que estava mais falante do que nunca em sua vida.

– Ai, fico pensando o que minha avó vai achar ao me ver quando estiver assistindo à televisão!

– Ou meu avô, que sempre está vendo os jornais.

– Comeremos com as crianças mais velhas?

– E se nos perdermos?...

[4] N. do E.: a criança está mencionando o bengali-vermelho (*Amandava amandava*), pássaro originário do Subcontinente Indiano e Sudeste Asiático, cuja coloração vermelha com pintinhas brancas lembra as cores do morango. Há populações desse pássaro em outras regiões do globo, como Espanha, Estados Unidos, Japão, Itália, Egito etc.

[5] N. do E.: poesia utilizada para ensinar a letra "Z": "*Zu, zu, zu, azú, azú, /que a esta niña la mimas tú/Zu, zu, zu, azú, azú, /que a esta niña la besas tú/Zu, zu, zu, azú, azú, /que a esta niña la quieres tú*" ["Zu, zu, zu, azu, azu,/porque essa menina paparicas tu/Zu, zu, zu, azu, azu,/porque essa menina beijas tu/ Zu, zu, zu, azu, azu,/porque essa menina amas tu", em tradução livre].

Nos ensaios, notava-se uma segurança crescente, assim como alguma prática extra nas casas. Mariana contou que sua mãe tinha uma luminária que lhe servia de holofote para ensaiar sua apresentação. Carmina lutava contra a excessiva rapidez na recitação de seus poemas. Jesús tentava não se mover muito enquanto recitava. Rosa e Mirta procuravam acompanhar sua atuação com gestos. Os responsáveis pela meteorologia se informavam por meio de jornais e da televisão sobre os mapas do tempo e demais pormenores, auxiliados por seus pais. E eu andava animando uns e outros, verbalizando a visão que me causava essa gravação e, também, o nervosismo que me provocava. Nomeava essas coisas porque, assim, as crianças podiam reconhecê-las, se é que as sentiam, e elas as diziam também.

Um dos meninos mais tímidos emitia, de vez em quando, um pigarro, com o qual substituía suas palavras. Uma menina das mais extrovertidas detalhava assim seu sentir: "*Hoje, sabia que tínhamos ensaio, e, desde que tomei café da manhã, estou nervosa. Quero me sair bem na poesia, mas tenho medo de que eu me esqueça, ou de que me venha uma risada ao ver todos me olhando*".

Luzes, câmera, ação!

No dia da gravação, o ambiente estava agitado e alegre. Ninguém conseguia ficar quieto. Havia gritinhos, tombos e algumas caras medrosas. No último instante, fizemos a contagem e notamos que Hilario tinha vindo, mesmo estando meio doente, mas que Bárbara e Lucas não estavam. De repente, Lucas apareceu e todos começaram a gritar: "*Lu-cas, Lu-cas, Lu-cas!*", o que fez o menino pôr-se a chorar. Vinha com febre e com vergonha, e essa recepção tão triunfante o deixou agoniado. Quando foi capaz, disse-nos: "*É que estou mal, e, se ouço barulhos, solto catarro; e, também, está doendo minha barriga, e quero ir antes que eu apareça no programa*". Sabido esse fato, pedimos ao seu papai que viesse com ele em seu carro atrás do ônibus, para ajudá-lo na transição (e para levá-lo para casa quando acabasse a gravação), e subimos no ônibus para cantar.

Chegamos à universidade em 15 minutos, e a primeira coisa que fizemos foi compartilhar algumas bolachas para acalmar as ansiedades. Em seguida, tínhamos que passar pela entrada da famosa porta com luz que Iván nos tinha explicado. Disse que, ao entrar, encontraríamos uma porta com uma luz vermelha, e que, se estivesse acesa, não podíamos passar. Assim, esperamos que se apagasse e, então, por fim, entramos no estúdio.

Houve um primeiro momento no qual José Antonio, o pai de Iván, mostrou-nos os holofotes com as molas que lhes permitiam baixar e subir (e que, na verdade, chamavam-se *pantógrafos*). Também nos mostrou os microfones pendurados, os de mesa e os de lapela, "como os dos jornalistas". E as câmeras, os monitores, o controle das gravações, o som, entre outras coisas. As crianças olhavam tudo e comentavam:

– E era verdade mesmo que era bonito.

– Mas não é tão grande como eu achava.

– Quantos cabos tem!

– Estou nervoso.

– Eu também...

José Antonio nos explicou que, etimologicamente, *estúdio* significava "cuidado", "zelo",[6] porque, ali, não podia ter nenhum obstáculo para que as câmeras rodassem bem. E nos fez uma pequena demonstração. Com a ajuda de seu filho, fez-nos conhecer as normas básicas de um estúdio: não se pode comer, não se pode fazer barulho e não se pode entrar se a luz vermelha estiver acesa. E, a seguir, convidou-nos a sentar nos dois tapetes colocados para começar a gravação do programa.

[6] N. da T.: no original, "*plató*", que significa "liso", "plano".

Nossos anfitriões colocaram os microfones nos apresentadores, que estavam em cadeiras giratórias muito brilhantes, diante de uma mesa oval, na qual havia um computador. Tudo era emocionante. Quando ligaram os holofotes e a imagem dos apresentadores foi vista nos monitores que estavam ao nosso alcance, houve alguns instantes de fascínio. O apresentador, que já tinha começado por sua conta e risco, engasgou, e sua voz falhou; a apresentadora arrumava o cabelo enquanto sorria por obrigação; o público esperava o silêncio... E, à voz de "*luzes, câmera, ação!*", dita por José Antonio, Pedro começou de novo com suas primeiras frases, que foram pronunciadas com a voz mais forte e maior clareza, em meio a um balanceio com o qual se ajudava. Seguiu-o Mariana, totalmente imersa em seu papel, e, então, os dois foram dividindo o roteiro com as alternâncias que havíamos combinado. Ao terminar, aplaudimos fervorosamente.

Então, foi a vez do Tempo. Hilario e Lúa se colocaram de pé diante de uma tela azul brilhante e, enquanto colocavam os microfones neles, apareceram no televisor que tinham diante de si, com um mapa do tempo atrás deles. Contudo, como o mapa saía na televisão, mas, na verdade, não estava atrás deles, e isso os desnorteou. Olhavam para a frente e para trás sem parar, com cara de estranheza... Hilario me pediu ajuda, dizendo: "*não sei o que dizer*", e eu lhe soprei algumas coisas; Lúa fazia pausas enquanto dizia o que ia lembrando. O surpreendente mapa os havia distraído, mas disseram coisas interessantes e receberam nosso forte aplauso.

Iván começou o noticiário, no qual apareceram projetadas algumas imagens de barcos na Antártida que o atraíram tanto que começou a explicá-las, esquecendo do roteiro que tinha preparado. Quando achou pertinente, disse: "*Isso é tudo. Tenham um bom dia!*", foi aplaudido e terminou. Seguiu Marisa, com suas descrições coloristas sobre o Marrocos. Além de trazer uma vestimenta linda, com lantejoulas e babuchas[7] combinando,

[7] N. do E.: calçado baixo, com a frente fechada e o calcanhar descoberto, bastante usado nos países orientais e norte-africanos, que os ocidentais costumam chamar de "chinela".

explicou coisas sobre a hena, o cuscuz marroquino, os casamentos, os camelos e o deserto.

A seguir, Pau falou sobre os astronautas. Sua fala foi um eco das conversas que acontecidas em aula, mas com nervosismo. Iker falou sobre os crocodilos, enquanto dava voltas em um grande crocodilo de borracha que havia levado e que lhe serviu de apoio para suas descrições, que foram claras e aplaudidas. O último dessa série foi Jaime, que estava sério e concentrado, acariciando uma pedra mineral de Pedraja, povoado de Soria[8] no qual sua mãe nascera e sobre o qual ia falar. A primeira frase que pronunciou fez todos nós explodirmos em gargalhadas. Disse assim: "*Um dia, eu fui ao rio Douro,*[9] *e como tinha me esquecido da sunga, tomei banho 'peladinho da Silva'*".[10] Quando recuperamos o fôlego, pudemos escutá-lo contar que em Pedraja havia caranguejos e árvores, que faz muitíssimo frio, que as galinhas botam ovos, que "*fazem chocolate na rua e que todos do povoado comem, molhando uns palitos muito gostosos*".

Depois dos aplausos, passamos ao recital de poesias, que foi extraordinário, entre feixes de luzes coloridas e grande brilho e esplendor. O "pássaro-morango" transcorreu muito bem; no "*Zu zu zu*", houve a ausência de Bárbara e a presença de Lucas, que aguentou com valentia os solavancos nervosos e a febre. Jesús e Carmina recitaram com muito sentimento seus longos poemas, as "Esquisitices" estiveram esquisitamente divertidas, e as danças africanas saíram, como de costume, muito bonitas.

Na segunda parte da sessão, as crianças estavam orgulhosas de suas proezas e bem mais tranquilas, então, quando os pais de Iván convidaram aqueles que quisessem "*fazer ou dizer algo a mais*" para que seus colegas pudessem olhar através das lentes das câmeras, Camilo e Andrés foram muito decididos, superando sua vergonha habitual. E, ostentando alegria

---

[8] N. do E.: província da Comunidade Autônoma de Castela e Leão.

[9] N. do E.: "*río Duero*", em espanhol. Trata-se de um importante rio que atravessa o noroeste da Península Ibérica, desembocando no Oceano Atlântico, na cidade do Porto, em Portugal.

[10] N. do E.: no original, "*en pelotica picá*", uma expressão para denotar nudez.

e satisfação, fizeram acrobacias e palhaçadas com tanta graça que fizeram todos rirmos.

Os últimos momentos foram dedicados a visitar as instalações e oficinas de imagem e som. Vimos robôs, telas, microscópios, câmeras e muitas coisas mais. Também conversamos com o diretor, Koke, e com outros membros da oficina, que nos mostraram algumas de suas tarefas e nos deixaram mexer em vários de seus instrumentos de trabalho. De lá, fomos comer, ver os patos e as tartarugas que estavam em um pequeno lago, além de brincar um pouco.

O dia em que assistimos à gravação

O dia que vimos nosso programa gravado foi um verdadeiro acontecimento. Íamos ser nossos próprios espectadores. Não só nos assistiríamos cada um a nós mesmos, como também poderíamos nos assistir uns aos outros, poderíamos assistir aos outros enquanto eles nos assistiam, poderíamos nos assistir quando estávamos todos juntos. E, talvez, esse assistir, esse olhar, esse olhar-se, esse olharmo-nos podiam se transformar em um admirar, um admirar-se, um admirarmo-nos.[11] Como se entrássemos com os amigos em uma sala de espelhos. Como se sentíssemos formar parte de uma trama, de um tecido, de uma música, de um retrato de grupo.

Antes de iniciar o que seria visto, pedi às crianças que explicassem o que sentiram no dia da gravação. Essa partilha nos situou naquele emocionante momento e nos sentimentos que o rodearam:

[11] N. do E.: no original, há o jogo de palavras entre "*mirar*" e "*admirar*" ("*Y quizás ese mirar, ese mirarse, ese mirarnos podría convertirse en un admirar, un admirarse, un admirarnos*").

– Como vocês se sentiram no dia em que fomos ao estúdio de televisão? – perguntei-lhes.

– Eu me senti alegre, ainda mais quando foi minha vez de aparecer.

– Eu fiquei alegre e com um pouco de vergonha.

– Eu, superalegre, que não é a mesma coisa que alegre, é bem mais.

– Eu não me lembrava nem da metade do que tinha que dizer.

–Você estava nervoso? (Mari Carmen)

– Sim.

– Isso acontece. (Mari Carmen)

– Eu estava mal, porque estava com 29 graus de febre.[12] E, além disso, quando terminava a filmagem, saía, e me doíam os ouvidos. E chorei.

– E não era por mais alguma coisa? (Mari Carmen)

– Não me lembro.

–Você me perguntou se podia ir embora antes de ser sua vez de aparecer. Quer dizer, acho que tinha mais alguma coisa, não? (Mari Carmen)

– Sim, vergonha.

– Eu ria do que aparecia na tela.

– Eu estava bem, estava esperando por esse dia. Estava "de olho" para ver se alguém iria se sair mal.

– Para quê? (Mari Carmen)

– Para ajudar.

– Eu estava preocupado se eu ia me sair mal.

– Eu... nem sei como estava...

[12] N. da T.: confusão da criança, que, provavelmente, queria dizer 39 °C.

Continua

Continuação

–Você estava emocionado? Você parecia alegre e com cara de animado. Acontece isso com você, quando você fica um pouco nervoso e ri; Pastora também. Jesús, quando fica nervoso, fica se movimentando mais rápido. E eu, se estou nervosa, desato a falar. Cada um é como é. (Mari Carmen)

– Eu estava alegre, mas fiquei pensado se me lembraria do que tinha que dizer.

– Eu gostei muito.

– E você, Bárbara, como você se sentiu nesse dia? (Mari Carmen)

– Mal... Queria ter ido!

– Eu estava um pouco alegre e um pouquinho triste, porque minha amiga não foi.

– Sim, vi que você estava meio solitária. (Mari Carmen)

– Anota que eu estava alegre.

– Pois eu estava contente, porque queria que o dia chegasse logo, como o Iván. Também estava preocupada com os doentes, se poderiam ir. E um pouco nervosa e estranha, porque a situação era nova para mim. (Mari Carmen)

– Mas eu pude ir!

– Sim, e se atreveu a aparecer. Fiquei feliz. (Mari Carmen)

– E eu não fui.

– Como sinto! E também os outros sentiram, já, já, vão lhe dizer. Pelo menos está gravado, e você vai poder assistir. Mas, você, não vamos ver. Enfim, como diz sempre sua amiga Iris: "*A vida é assim*". (Mari Carmen)

Quando começamos a assistir à gravação, fez-se um silêncio enorme, rompido por Lúa, como uma porta-voz, ao dizer: "*Ai, estou tão emocionada!*". E, enquanto elas viam nossa obra coletiva, eu as observava. Era maravilhoso ver seus sorrisos, sua surpresa, seu entusiasmo. De vez em quando, alguém tapava a cara. Pili, ao se ver, disse-me: "*Sou eu, sou eu! Você viu como eu saí bem?*".

Contei-lhes que, no dia anterior, tinha visto a gravação em minha casa várias vezes:

– Na primeira vez em que vi, meus olhos se encheram de lágrimas.

– Isso é emoção – disse Jesús.

– Na segunda vez, dei risada, porque tem coisas muito engraçadas. Eu gostei muito, vocês estavam muito bonitos e pensei que tinham se saído muito bem.

– Mas eu me esqueci de quase tudo... Como você gostou?

– Mas eu isso vejo como normal, já dissemos que podia acontecer. Além disso, teve coisas, sim, que você disse, e eu gostei de ver você. (Mari Carmen)

– Eu também me esquecia das coisas, você se lembra, Hilario?

– Sim, é verdade, mas eu não queria que isso me acontecesse.

– Isso também acontece às vezes com os que aparecem na televisão. Na terceira vez que vi a gravação, prestei atenção nos detalhes: nas luzes, em vocês, nos desenhos de vocês, na música de fundo, tão divertida, na parte de *outtakes*.[13] A verdade é que achei o conjunto realmente encantador e imediatamente escrevi aos pais de Iván para agradecer. (Mari Carmen)

[13] N. do E.: cenas não incluídas, que, em geral, são eliminadas no processo de edição, ou brincadeiras durante a gravação de um vídeo. Em casos de obras lançadas em mídias físicas, podem estar contidas em uma seção de "extras" ou "bônus". Em espanhol, são chamadas de "*tomas falsas*" ("tomadas falsas").

Uma recordação preciosa

Os pais de meus alunos gostaram da gravação. Muitos a qualificaram como "*joia*", "*recordação preciosa*", "*algo muito querido*". Minhas colegas também acharam muito bonito. Isso quer dizer que teve uma boa recepção.

Os pais de uma das meninas, no entanto, disseram-me que gostariam de que sua filha participasse mais. Expliquei-lhes que, em minha opinião, não seria bom se fosse pressionada. Em aula, participava muito pouco e, quando o fazia, era porque eu a incentivava, como já havia comentado várias vezes. Mas notei o descontentamento deles... Esses pais representaram, precisamente, o medo que eu tinha. E esse fato fez que eu me colocasse a pensar se teria escolhido bem, no caso da menina, ou se não teria observado suficientemente os avanços dela. O risco, as dúvidas e a possibilidade de errar sempre estão ali. (Assim como Hilario, "*eu não queria que isso me acontecesse*".)

Ainda que eu pense de outra forma, também poderiam ter ocorrido outras coisas: que não tivéssemos feito um programa com papéis diferenciados, mas, sim, uma atuação coletiva; que não tivéssemos feito nenhum programa, mas, sim, apenas uma visita à oficina de imagem; ou, até mesmo, que não tivéssemos feito nada de nada. Assumo a possibilidade de ter me equivocado, mas sei que a intenção era boa, por isso, atrevo-me a dizer que me alegra ter feito parte desse projeto.

Os pais de Iván avaliaram assim o que foi realizado naquele dia:

Em geral, parece-nos que a visita à Oficina de Imagem foi uma experiência positiva em diferentes aspectos. Empregando uma terminologia que ouvimos de você e da qual gostamos, acreditamos que, na excursão, foram tocados elementos tanto do "andar de cima" como do "andar de baixo". Em relação ao "andar de cima",

Continua

Continuação

o simples fato de ir à universidade é uma experiência interessante, já que é o final desejável de uma formação que acabaram de começar. Em particular, as crianças puderam ver uma instalação técnica, um espaço físico diferente do habitual, diferente dos espaços que conheceram em outras excursões. Brincar com as câmeras movendo o *zoom*, ouvir com fones as instruções de uma pessoa que não se encontrava fisicamente ali e, sobretudo, o efeito do *chroma-key*, parecia diverti-las e permitiram que descobrissem algumas possibilidades da tecnologia. Talvez poderíamos ter trabalhado mais esse aspecto.

Em contrapartida, acreditamos que a atuação deve ter sido uma experiência muito enriquecedora para elas. Foi um trabalho coletivo em que se pôde ouvir a voz de cada uma delas, de acordo com suas possibilidades. Apenas o fato de terem sido capazes de falar em público diante de câmeras que as examinam de perto, com um microfone que as grava e em um espaço desconhecido, pressupõe-se que passaram por uma grande gama de emoções e de sentimentos contraditórios que conseguiram controlar. Passados alguns dias, quando voltarem a olhar o material gravado e pronto para a "transmissão", esperamos que se sintam orgulhosas de si mesmas. Em nossa opinião, todos foram heróis.

Sendo críticos e procurando os aspectos negativos, fica a sensação de não ter identificado qual era o objetivo da atividade: se o intuito era o de que as crianças atuassem, se era o de que as crianças fizessem o programa de TV, se era o de conhecer um aspecto da universidade ou se era o de conhecer "o local de trabalho dos pais do Iván". Ao não termos claro o objetivo, não sabemos se as expectativas foram cumpridas. De todo modo, embora não tenha sido perfeita, esperamos que a experiência tenha sido boa para as crianças e para você. Para nós, foi única.

Minha avaliação:

A excursão se transformou em um projeto de trabalho apaixonante e sensível para o grupo, as famílias e o resto da escola. Para mim, foi muito interessante o trabalho de planejamento e de organização realizado em colaboração com os pais de Iván. Pudemos pensar juntos e colocamos todo nosso empenho, entusiasmo e criatividade em conseguir uma experiência prazerosa e produtiva para as crianças.

Recolheram-se as ideias com as quais cada um dos envolvidos contribuiu para enriquecer o programa. E, desde o princípio, houve maneiras de funcionar que se integraram e que foram úteis tanto em nível individual quanto em grupo. Uma delas foi verbalizar aquilo que se sentia em cada momento; outra, encaixar as mudanças e as frustrações que iam surgindo; e outra, ainda, que foi confrontar os problemas, procurando soluções coletivamente.

Ao longo do projeto, pensei em cada uma das crianças, em suas características, em suas mudanças, na imagem que tenho delas neste momento e em seu particular processo de crescimento. Além disso, a configuração dessa excursão permitiu que minha colega Cari e eu observássemos e comentássemos as formas de reagir e se comportar de cada criança, de cada equipe e do grupo inteiro, e isso implica uma ajuda para contrastar opiniões e pontos de vista.

Também gostei de ver a gratidão das crianças, das famílias e da escola em relação aos pais de Iván, por nos presentear com sua ideia, seu tempo, seu trabalho e sua amável companhia. As demais famílias também ajudaram neste projeto coletivo ao ensaiarem com seus filhos em casa, ao vesti-los de acordo com o que foi combinado em sala e, claro, ao animá-los e valorizá-los.

Continua

Continuação

O nível de confiança mútua se firmou e aumentou, tanto das crianças para comigo quanto das crianças entre si, e, também, das famílias. Apesar de não ser agradável o fato de ter que lidar com a crítica recebida sobre a escolha de um dos papéis, espero que me sirva para continuar refletindo sobre minha prática e para aprender a lidar com as dificuldades.

Em suma, aproveitamos muito, tanto no processo de preparação quanto na realização e na apreciação do resultado de nossa tarefa. A gravação ficou inestimável, e vê-la me enche de emoção e de satisfação.

5 O guarda-chuva de Bianka

*"Um guarda-chuva de papel que criei em minha casa". *Bianka*

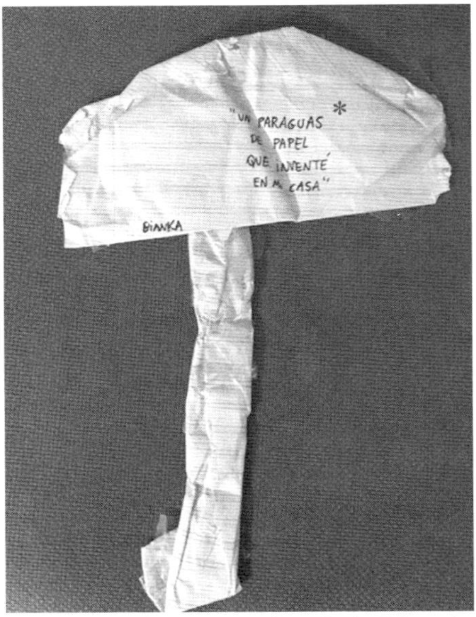

Fonte: Mari Carmen Díez Navarro (Escola de Educação Infantil Aire Libre, Alicante, Espanha).

Bianka veio à aula com um guarda-chuva de papel que havia feito em uma chuvosa tarde de domingo. Mostrou-o, muito orgulhosa, a seus companheiros e suas companheiras, e um deles lhe disse que não ia servir para nada, porque era de papel, e a chuva o molharia. Bianka lhe respondeu: "Para mim, serviu muito, porque aproveitei bastante fazendo ele, e ficou muito bonito". A preferência pelo produto recém-estreado, a alegria de colocar a marca pessoal em um objeto novo, a sensação de ter desfrutado e a contribuição de autoestima conseguida foram vantagens suficientes para ela.

Há 15 anos, começamos a fazer projetos de arte em nossa escola, com mais medo do que outra coisa, e com os ânimos dispostos graças à imprescindível companhia de Rosa Castells, museóloga e mãe de Marc. Lembro que, então, eu colocava o olhar em minha ignorância em relação ao mundo artístico, esquecendo do principal: que a arte é expressão, beleza, criatividade, admiração, abertura.

Agora, meu olhar se dirige muito mais às crianças, e minhas intervenções vão no sentido de despertar sua curiosidade, sua imaginação, seu desejo de brincar, de jogar, de explorar e de inventar. Gosto de provocá-las com materiais novos, com imagens sugestivas, com palavras que convidem a sonhar, com obras de arte que as façam se sensibilizar com a beleza.

Para que se entusiasmem, para que se apaixonem, para que desejem, para que se lancem a experimentar e a criar por si próprias. Como fez Bianka com seu lindo guarda-chuva.

***

Criar é seguir brincando

Tanto a arte quanto a brincadeira são uma expressão de uma coisa só, são um dizer que vem de dentro, uma manifestação da própria identidade, um rebuliço de sentimentos, um conectar-se com o exterior. A arte é a *faculdade de criar*, e a recriação é *produzir de novo*. Por sua vez, *recriar* nos recorda de uma palavra similar, *recrear*, que tem outra definição: *divertir*.[1] Em outras palavras, a arte é criação e é prazer.

[1] N. do E.: em espanhol, "*recrear*" pode significar tanto "recriar" quanto "recrear"; portanto, foi necessário fazer essa adaptação no texto em português.

A criação artística tem muito a ver com a brincadeira infantil, que é o modo de as crianças submeterem a realidade aos próprios desejos, agindo como válvula de escape e alívio de tensões. A brincadeira se alimenta da pessoa, de suas onipotências e de seus sonhos projetados ao exterior. A arte também toma a pessoa como matéria-prima, mas com regressões intencionais e controladas até as primeiras vivências. Assim, então, tanto uma quanto outra são fontes de ordem e de conhecimento pessoal, e canais de saída e de comunicação do "andar de baixo", o universo afetivo que emociona a todos.

A arte e a brincadeira dão prazer, contribuem com a liberdade, a imaginação, a autonomia; ajudam a elaborar simbolicamente as dúvidas e os conflitos internos; abrem as portas à exploração, à aprendizagem, à criatividade, à beleza, à cultura; favorecem a relação com os demais, as trocas, a descentralização, a tolerância, a comunicação; colocam em ação a força vital de cada pessoa: seu corpo, sua intuição, suas particularidades, seus impulsos, seus pensamentos; permitem tanto a busca por novidades quanto essa repetição que promove a segurança e a diversão.

Além disso, na arte, há uma clara intenção de beleza, de originalidade e de perdurabilidade que a diferencia da brincadeira. O artista pretende modelar de forma bela seus estados de espírito, suas emoções ou suas ideias. Deseja que sua obra seja reconhecida e lhe transcenda no tempo. É como fazer uma extensão pessoal do desejo de seguir existindo, de não desaparecer, de viver um pouco mais.

Quando se pinta, compõe-se, escreve-se... As produções resultantes contêm a essência de seus autores e os representam, mostram-lhes ao mundo, expõem-lhes. Porque o artista, embora, na verdade, faça sua arte para si mesmo, para seu próprio desfrute e sua necessidade, também quer e precisa lançar ao exterior sua obra, para deixar sua marca, para se tornar visível, para dizer sobre si, e para que lhe seja devolvida a apreciação dos demais. Isso seria um símbolo de que é notado e reconhecido, de que seu desejo de transcender talvez seja possível. Federico García Lorca[2] dizia que escrevia para que o amassem.

Outro aspecto que diferencia a arte da brincadeira é o montante de energia vital empregada. Na brincadeira, as crianças se devotam completamente, envolvendo seu corpo, sua imaginação e seu desejo de prazer. Brincam exacerbadamente, sem planejar, sem medir as consequências, confiantes. Na arte, as forças e os desejos do artista também estão colocados em sua obra, mas não aparecem tão direta e massivamente como na brincadeira das crianças, mas, sim, vão atravessando o autor, suas experiências, sua história, sua vida, sua formação, seu momento... De tal forma que vem a passar pelo filtro individualizador de sua identidade, que faz um derramamento da energia restante. É como se o artista procurasse novamente no seu interior os fragmentos da criança que foi e quisesse reviver suas brincadeiras e jogos infantis para conseguir que aquele desfrute já distante se recomponha e volte a comovê-lo para voltar, assim, a se sentir com as mãos cheias. A arte seria, pois, uma espécie de "brincadeira de gente grande", elevada à categoria de cultura.

Assim, brincadeira e arte vêm a ser duas fibras de um mesmo fio condutor: a expressão da genuína maneira de ser das pessoas, que vai para fora procurando prazer, continuidade, companhia e beleza. Como se a brincadeira fosse pura explosão da identidade e a arte, pura nostalgia da brincadeira infantil.

O guarda-chuva de Bianka

No ano passado, Bianka veio à aula com um guarda-chuva de papel que havia feito em uma chuvosa tarde de domingo. Mostrou-o, muito orgulhosa, a seus companheiros e suas companheiras, e um deles lhe disse que não ia servir para nada, porque era de papel, e a chuva o molharia. Bianka lhe respondeu: "*Para mim, serviu muito, porque aproveitei bastante*

[2] N. da T.: famoso poeta e dramaturgo espanhol, da Geração de 27.

fazendo ele, e ficou muito bonito". A preferência pelo produto recém-estreado, a alegria de colocar a marca pessoal em um objeto novo, a sensação de ter desfrutado e a contribuição para a sua autoestima... foram vantagens suficientes para ela.

Para que uma criança tenha oportunidades de se atrever a inventar coisas novas, é preciso que esteja imbuída tanto pelo entusiasmo por viver transmitido pela mãe e pelo pai quanto pela frustração de não ter nem poder tudo. E será precisamente a aceitação da falta que lhe permitirá encaixar a frustração, a espera, a ausência. Sem essa sensação de incompletude, não seria possível gerar a atitude de fantasia do que se deseja, a memória para relembrar objetos e pessoas queridas, e a posição ativa da procura que levarão à imaginação e à recriação prazerosa do desejado mediante a brincadeira, o jogo, as palavras ou as produções de quaisquer tipos.

Quando uma criança pode brincar com seu corpo, com materiais variados, na natureza, sozinha, com outros, com e sem brinquedos, com sujeira ou limpeza, com ordem ou desordem, conduzindo ou se deixando levar, com ou sem simbolismo, de acordo com as diferentes etapas de desenvolvimento, ela pode ser ela mesma, escolher, desfrutar, inventar, sentir etc. Se a criança tiver espaços, tempos e ânimos para brincar, terá o caminho preparado para criar coisas novas e poderá desfrutar da satisfação que proporciona fazer aparecer do nada algo que antes não existia.

Se as brincadeiras das crianças forem encorajadas, conseguir-se-á que a satisfação e a confiança nas próprias capacidades impregnem suas personalidades em formação, e, assim, estará aberta à possibilidade de que qualquer parcela da vida seja vivida com criatividade. De um texto até uma dança, da decoração da casa até o preparo de uma comida, do plano de uma viagem até a escolha de um amigo, da composição escrita até um trabalho plástico. E, talvez, dessa atitude divergente e aberta, chegue-se, um dia, a fazer arte no campo da pintura, da escultura, da fotografia, da literatura ou da música.

O caminho para uma educação que possa ser chamada artística não é unicamente ensinar técnicas ou autores, mas, também, manter viva a curiosidade, o desejo de brincar, as tentativas, a fantasia, a criação e a valorização das identidades pessoais. Não fechar caminhos com aqueles tópicos de "é preciso pintar dentro da linha", com a insistência de que "*todas as árvores são verdes*", ou com a censura das "*sujas e tristes*" pinturas em preto.

O que convém é não cobrir todas as falhas, mas, sim, permitir que haja vazios, buraquinhos para pensar, para imaginar, para se entediar, para experimentar, para sonhar... E que se possa tolerar não ter tudo. Em outras palavras, acompanhar a criança para que ela possa aprender a estar sozinha consigo mesma, pensar de forma autônoma e sentir que, dela, podem surgir coisas belas. É importante conseguir um contínuo que comece a brincadeira e leve a possibilidade de uma atitude criativa que poderá criar arte ou preencher de novidades o trabalho e a vida.

A caixa de escutar os sonhos

Este ano, em minha turma, criar histórias foi uma das atividades mais bem vividas e mais demandadas pelos meus alunos. Toda manhã, pedia a cinco alunos que escrevessem uma palavra na lousa. Após escrevermos, líamos juntos, e eu improvisava uma história curta e divertida, na qual apareciam as cinco palavras de referência. No começo, como não sabiam escrever, colocava palavras simples e os ajudava pronunciando-as devagar e prolongando exageradamente os sons.

Algumas crianças começaram a me ajudar a fazer a história, dessa forma, decidi adicionar algo a mais a esse magnífico jogo de fabulação e cumplicidade que estávamos vivendo: a confecção de uma caixa que continha fotografias de lugares, de animais e de veículos, papéis com palavras e, também, alguns objetos sugestivos: um laço, um cabrito preto, um colar de pérolas, uma estrela dourada, uma moeda chinesa, um ovo azul...

A caixa estava decorada com um tecido bonito, tinha uma fotografia de uma menina com uns fones de ouvido e cara de quem estava sonhando acordada; além disso, tinha uma faixa que dizia: "Escutando os sonhos". Quando a apresentei às crianças, expliquei-lhes as instruções para sua utilização: tinham que fechar os olhos, tirar cinco coisas da caixa, colocá-las no chão e começar a história. Lembrei-lhes de que tinham que pensar quem a protagonizaria, como começaria, o que aconteceria e como terminaria.

Estreamos imediatamente! Nesse dia, deu tempo de oito crianças tecerem suas histórias, que foram realmente preciosas. Os demais escutavam em silêncio, aplaudiam, riam ou se emocionavam, de acordo. Nos dias seguintes, todas as crianças tiveram a oportunidade de inventar a sua. Logo, a caixa foi utilizada nas oficinas, nos tempos livres e toda vez que pelo menos duas crianças combinavam de se presentear com histórias. Depois, Helena propôs desenhar as histórias que inventavam, e assim o fez. Na reunião de pais, houve tanto interesse por aquela caixa que as crianças tinham comentado, que a experimentamos ali mesmo. A mamãe de Lucía começou uma história, que a mãe de Estela del Mar finalizou, recebendo um forte aplauso dos presentes.

Decidida a procurar as vantagens dessa atividade para explicar às famílias, dei-me conta de que, minimamente, a caixa tinha servido aos meninos e às meninas para se atrever a fabular diante de outros; para obter um acréscimo em sua segurança, em sua confiança e em sua autoestima; para ordenar e estruturar o fio narrativo das histórias; para despertar o desejo de escrever; para aproveitar as narrações dos demais; para exercitar a imaginação; para gerar diversão, comunicação, cumplicidades e ambiente de grupo; para conhecer melhor os colegas e suas habilidades; e para ter à mão uma eficaz ferramenta de entretenimento autônomo.

Ao pensar nos momentos vividos com meus alunos graças à caixa de "escutar os sonhos", o que chega a mim como vantagem é o prazer do que começou como um simples jogo de palavras e acabou sendo um momento de encontro imaginativo e afetuoso.

As coisas bonitas

Os meninos e as meninas se aproximam, de forma espontânea, das coisas bonitas com naturalidade e simplicidade. Gostam da beleza que encontram nas pedras que brilham, no reflexo do sol, nas flores, nas cores, nas histórias, nos poemas, nas formas etc. Apaixonam-se pelos conteúdos que lhes são significativos, bonitos, surpreendentes ou mágicos. Os simbolismos, as fantasias, os desafios e as metáforas chamam a atenção das crianças.

Acariciam os barrados de crochê, os cachos dos amigos, a rugosidade do óleo sobre as telas, a superfície das esculturas, a suavidade das folhas finitas. O belo. Dessa maneira, abordar temas artísticos na Educação Infantil vem do desejo de oferecer a meninos e a meninas gentilezas, beleza e prazer. Bens de todos, bens culturais, que se despem de sua solenidade para se aproximar deles.

As matérias-primas chegam à criança pequena como fontes de sensações, de exploração e de prazer. De seu mundo impulsivo incontrolavelmente destinado a se estender, a desfrutar e a apreender a realidade, seu movimento para fora é ver, tocar, cheirar, escutar e amar. Assim, desse ponto, temos de partir nessa viagem em direção à arte, colocando ao alcance das crianças elementos que despertem e alimentem sua curiosidade natural, que as incitem a testar e testar, a colecionar, a organizar, a modelar e a conseguir algumas produções cheias delas próprias, carregadas do seu sentir, repletas de suas brincadeiras sem fim.

Seria bom começar tocando argila, farinha, água, pedra, palha, terra, madeira, açúcar, sal... Escutando canções que combinam com elas, vozes, melodias, sons harmoniosos, ritmos... Olhando coisas bonitas, obras de artistas, gravuras, esculturas, fotografias, contos com ilustrações de qualidade... Pintando ou estampando objetos familiares: chaves, pentes, brinquedos, frutas, verduras... Passando maizena, chocolate, café, mel, guache sobre o papel... Utilizando as mãos, os rolinhos, os pincéis, os pés... Tentando colar folhas, papéis, caixas, tecidos, sementes, lã, papelão... Deixando a pintura correr, saltar, misturar-se e modelar-se, gota a gota ou em jatos, por meio de sopros, do deslizamento de bolas de gude, do lançamento com bolhas de sabão...

E seguir ampliando as propostas, permitindo que cada criança faça sua síntese particular, observando o que os outros fazem, testando suas próprias ideias e admirando as obras dos artistas que são apresentados. Se as crianças perceberem uma boa acolhida às suas tentativas, seguirão o caminho próprio da brincadeira, esse fazer e desfazer prazeroso e infinito, e, pouco a pouco, colocarão intencionalidade e desejo aos seus produtos, de tal forma que o que eram simples manipulações se tornarão tentativas de contar uma história autobiográfica, uma narrativa de fabulação e fantasia que conterá não só os personagens e o argumento, mas também as peculiaridades, as preferências e o estilo de cada uma.

No processo de formação da atitude criativa de uma criança, é conveniente que nós, os adultos, cultivemos um acompanhamento tanto intuitivo quanto reflexivo, no qual se sustente o prazer, enquanto se introduz a realidade; no qual se dê vez à livre expressão, aceitando os primeiros momentos de exploração, de imitação ou de recusa; no qual se compreenda a incerteza de alguns e o entusiasmo de outros; no qual não haja lugar para o estereótipo, nem a demanda padronizadora; no qual se fomentem a autoestima, a alegria, a novidade, a diferença.

Nesse percurso, a criança deve se sentir o mais segura possível, e, para isso, precisa estar apoiada pela confiança do professor. Apenas assim ficará contente com suas produções e poderá passar de brincadeiras que são "corporais" a trabalhos que mostrarão sua "alma", sua identidade, seu desejo de ser. Do concreto ao simbólico, do volumoso ao plano, da onipotência à realidade, de estar sozinha a criar para si própria e para outros, do impulso à intenção, do corpo à alma.

As crianças e a arte

Em janeiro passado, fizemos, em minha escola, um projeto coletivo de arte, que é o décimo segundo de nossa coleção. Desta vez, a ideia era apresentar a nossos alunos as muitas e variadas formas utilizadas pelos artistas plásticos para representar a infância. O tema era aberto e agradável, então, nós, professoras, sentimo-nos livres para nos movermos e modelá-lo da maneira como cada uma considerou mais adequada, levando em consideração os gostos das crianças, as ideias que nos ocorriam e, também, nossas preferências.

Como sempre, as salas se encheram de cartazes, de livros de arte, de quadros que eram contribuição das famílias, de contos alusivos etc. Tivemos, até mesmo, visitas de pais colaboradores, para explicar nas turmas de seus filhos coisas interessantes inseridas no projeto. Mercedes, a mamãe de Nicolás, que é desenhista, falou do quadro *As Meninas*,[3] e, depois, comandou uma oficina na qual as crianças pintaram uma linda menina em uma tela.

Jordi, o pai de Helena, projetou imagens de vários artistas e as comentou do seu olhar de especialista, já que é professor de Arte. Surgiram conceitos, como a espontaneidade (porque os artistas sentem saudade de sua infância), o valor do erro na arte (falou dos "arrependimentos", que eram as retificações que os artistas faziam pintando por cima de suas obras quando elas não lhes satisfaziam), a imaginação (aqui, ele valorizou a grande torrente imaginativa das crianças, e sua filha argumentou que os mais velhos tinham visto mais coisas e, com certeza, teriam mais imaginação

[3] N. da T.: pintura de Diego Velázquez, datada de 1656, que retrata, como tema central, a infanta Margarida Teresa, além de outros personagens palacianos (até mesmo, um cachorro). Velázquez é o principal artista do Século de Ouro espanhol. Atualmente, a obra está no Museu do Prado, em Madri. A tela também é conhecida como *A família de Felipe IV*.

do que os mais novos...), e a liberdade de expressão ("*Ah, isso deve ser o desenho livre!*").

Na entrada da escola, os meninos e as meninas de 5 anos reproduziram dois magníficos quadros: *Menina com regador*, de Pierre-Auguste Renoir, e *O tocador de Pífaro*, de Édouard Manet,[4] depois de ver obras desses artistas na internet e de ter explicado um pouco sobre seus percursos. Na sala central, foram expostos os trabalhos coletivos: *Para crianças n. 2*, de Heike Schenk-Arena,[5] uma série de autorretratos desenhados por todas as crianças da escola, e duas obras de Gustav Klimt[6] – *Bebê* e *Mãe e filho* – que foram produzidas em tamanho grande, em colagem, com tecidos e celofanes.

Em minha turma, começamos o projeto nos perguntando por que os pintores pintavam crianças:

– Deve ser porque eles gostam.
– Ou porque querem ter um filho.
– Para se lembrar de seus rostos.
– Para se tornarem famosos.

Ao longo do mês, vimos livros e imagens de quadros nos quais apareciam crianças. Contei-lhes algo da vida e obra de seus autores: Joaquín

[4] N. do E.: Renoir e É. Manet foram expoentes do Impressionismo, movimento originado em oposição ao rigor estético formal dominante na Europa entre os séculos XVII e XIX, valorizando as impressões do artista.

[5] N. do E.: alemã radicada na Itália, é professora de Educação Infantil e artista, trabalhando com colagens. Sua obra *For Kids n. 2* data de 2002.

[6] N. do E.: pintor austríaco pertencente à *Art Nouveau* e ao Simbolismo. Sua obra mais famosa é *O beijo*.

Sorolla,[7] Pablo Picasso, Edgar Degas,[8] Édouard Manet, Eduardo Sívori,[9] Ariane Beigneux,[10] Francisco de Goya,[11] José Manuel Merello,[12] Antonio López,[13] Diego Velázquez, entre outros. Ao falar das vidas dos artistas, surgiam identificações, comparações com suas famílias, perguntas sobre se estavam vivos ou mortos, raiva ao ver que todos os artistas, menos dois, já haviam morrido. Roque observou que, nos quadros, muitas crianças tinham a cara triste.

– As crianças da praia de Sorolla que estão à vontade. Me dá vontade de tomar banho com elas.

– Pois as crianças dos palácios estão sérias, eu acho que porque não deixam elas irem brincar lá fora.

– O mais triste de todos é o bebê do *Guernica*,[14] porque está morto.

– Às vezes, eu acho que vou morrer.

– Se eu tivesse magia, faria a gente ser pequeno para sempre.

– Então, não poderíamos ter filhos.

– Meu medo é que me matem.

– Mas por que, por que temos que morrer?

– As pessoas vivem e, depois, morrem. A vida é assim...

[7] N. do E.: pintor espanhol impressionista e pós-impressionista, que viveu entre os séculos XIX e XX. Deixou um vasto acervo de obras, com mais de duas mil pinturas. É conhecido por ter sido retratista.

[8] N. do E.: pintor e escultor francês cujas obras são consideradas como parte do Impressionismo, apesar de ele não se considerar como tal.

[9] N. do E.: pintor realista argentino, expoente desse movimento em seu país.

[10] N. do E.: pintora estadunidense que viveu entre 1918 e 2011, cuja maioria das obras retrata crianças.

[11] N. do E.: conhecido pintor espanhol que viveu entre os séculos XVIII e XIX. O estilo de suas pinturas passou pelo Rococó, pelo Neoclassicismo e pelo Pré-Romantismo.

[12] N. do E.: madrilenho, nascido em 1960, já participou de dezenas de exposições de arte com suas pinturas expressionistas.

[13] N. do E.: pintor e escultor espanhol contemporâneo do movimento hiper-realista.

[14] N. do E.: famosa pintura de Pablo Picasso, datada de 1937, que retrata os horrores da Guerra Civil Espanhola. No quadro, o bebê citado pela criança está, de fato, morto, nos braços de sua mãe.

O quadro de Goya *El manteo del pelele*[15] deu a ideia de brincar de lançar pelúcias, procurar no dicionário a palavra *fantoche*, anotá-la na nossa coleção de palavras, e fazer um desenho com uma tela colada que se parecesse com a pintura de Goya. *As Meninas* também gerou repercussões: cada criança se posicionou a favor de uma personagem. Havia quem preferisse a infanta Margarida; outros, Nicolasito Pertusato,[16] a Menina,[17] ou o cachorro Salomón. Lemos um conto, *La princesa y el pintor*[18] e até fizemos peças, nas quais apareciam Velázquez, seu famoso escravo Juan de Pareja,[19] a infanta Margarita, a bufona[20] etc.

Picasso os divertiu com o fato de trocar os olhos pelas bocas e demais transgressões. Várias crianças pediram para fazer uma oficina para desenhar no "estilo Picasso", o que aproveitaram muito. Em contrapartida, a escultura de Antonio López intitulada *Bebê gigante*[21] não agradou às crianças, porque "*não tinha o corpo e dava susto*".

Foi um projeto completo, interessante e divertido, cheio de identificações, de dicas de temáticas afetivas, de trabalho e de prazer. E isso só para começar... Como dizíamos ao princípio, criar não é outra coisa senão seguir brincando.

---

[15] N. da T.: *O lançamento do fantoche*, em tradução livre. A pintura retrata uma tradição madrilenha de lançar um boneco de palha ("*pelele*") para cima, sobre um tecido, durante o Carnaval na Espanha.

[16] N. do E.: nobre italiano que prestou serviços aos reis Felipe IV e Carlos II. Está à direita da pintura citada, tocando o cachorro com o pé.

[17] N. do E.: provavelmente, está se referindo a Isabel de Velasco, a dama de companhia da infanta, que se encontra à esquerda desta na pintura. A outra dama, à direita da infanta, é María Agustina Sarmiento de Sotomayor.

[18] N. do E.: *A princesa e o pintor* [em tradução livre], de Jane Johnson, que fala da amizade fictícia entre a infanta, Margarida e o pintor do quadro *As Meninas*, Diego Velázquez. Esse livro paradidático tem o objetivo de apresentar a obra e o mundo das artes às crianças.

[19] N. do E.: mourisco (mouro batizado na Igreja Católica) que foi pintor, assistente e escravo de Velázquez, que o retratou em um de seus quadros mais famosos, o qual se encontra, atualmente, no Museu Metropolitano de Arte de Nova York.

[20] N. do E.: Mari Bárbola (María Bárbara Asquin), mulher com nanismo que se vê na pintura, perto do cão e de Nicolasito. Era alemã e trabalhava no palácio como bufona.

[21] N. do E.: López produziu diversas esculturas que retratam somente a cabeça de bebês, expostas na estação de Atocha, em Madri.

6

Como beijam no Japão?

Fonte: Reme Picó (Educação Infantil Aire Libre, Alicante, Espanha).

Que cheiro bom temos hoje na aula! Esta manhã, veio a avó de Pepe para nos ensinar a fazer ikebana, aqueles arranjos de flores tão bonitos que fazem no Japão. Vinha muito carregada. Rosas, primaveras, cristaizinhos coloridos, folhas de vários tipos... Pedras pequenas e alegrias grandes preencheram o ar nesta sala.

Todos estávamos contentes. Trabalhar com esses materiais bonitos, frágeis e pouco comuns é algo muito provocador e prazeroso. E, quando uma escola abre as portas à beleza, todo dia pode ser um bom presente.

Como dizia Nicolás Guillén:[1]

¿Conoces tú
la tierra del arroz y del bambú?
¿No la conoces tú?
[...]
Allá
la vida en flor está.
Se ve
la vida puesta en pie.

Conheces tu
a terra do arroz e do bambu?
Não a conheces tu?
[...]
Lá
a vida em flor está.
Se vê
a vida posta em pé.

[1] N. do E.: poeta cubano conhecido pela temática afro-americana em suas obras.

Que completo e divertido foi este projeto! O ambiente se pôs oriental; as conversas e as brincadeiras giravam em torno do tema, e tínhamos materiais, propostas, fontes e especialistas voluntários para vir nos elucidar com seu saber. Aprendemos o que eram os haicais, o *tai chi chuan*, a *ikebana*, o *origami*; provamos delícias das culinárias chinesa e japonesa; conhecemos bandeiras, costumes, caracteres, mapas, pontes tibetanas, e muitas outras coisas referentes a esses distantes países. E ainda nos deu tempo para conversar sobre os costumes orientais, para confraternizar com as visitas, e, até mesmo, para averiguar como eram os contos chineses...

É uma sorte poder ver como cada criança se aproxima do novo tão à sua maneira: observando, comparando, imaginando, comentando ou protestando. Poder se emocionar ao notar como as crianças se emocionam ao se verem trespassadas pela estranheza, pela admiração, pelo desejo, pelo medo, pelo asco..., sentimentos que lhes invadem à medida que aprendem. E poder escutar palavras tão inesperadas como as que disse Iker em tom pensativo:

– Os chineses têm os olhos mais longos do que os humanos.

– E quem são os humanos? – perguntei-lhe.

– Pois nós, os que falamos espanhol...

***

"*Como beijam no Japão?*", perguntou Alberto a uns estudantes japoneses que vieram à aula para nos explicar coisas de seu país. "*No Japão, não se beija. Só beijamos os bebês*". Assim responderam à sua pergunta os amáveis visitantes.

O projeto de trabalho sobre a China e o Japão voou bem alto. Aqui o relato.

No começo de novembro, meus alunos e minhas alunas escolheram o tema sobre o qual queriam trabalhar: *China e Japão*. Até esse momento, tínhamos percorrido os fios de seus interesses e afetos, fazendo grupo e nos acostumando a realizar coletivamente ideias, brincadeiras, jogos e imaginações.

Primeiro, dedicamo-nos a nos olharmos, a nos nomearmos, a brincarmos juntos, a cantarmos, a dançarmos, a pintarmos, a escutarmos contos... Depois, confeccionamos livros com fotos e desenhos sobre temas variados: os elefantes, os números de nossas casas, nossos irmãos, nossos animais de estimação, as coisas que nos dão medo e as "poesias com coração". Também anotamos em um quadro as idades de todos os membros das famílias, aprendemos a somar (guiados por Nico) e a subtrair (guiados por Pepe), averiguamos como era o umbigo de cada um (proposta de Aitor), celebramos a festa de 9 de outubro (Dia da Comunidade Valenciana), contamos as letras de nossos nomes, entre outras necessidades emocionais e de grupo.

Quando acreditei que as bases do grupo e da tarefa estavam mais ou menos estabelecidas, pedi às crianças que pensassem sobre qual tema queriam que trabalhássemos, quais curiosidades tinham, o que queriam saber. Martina respondeu rapidamente que ela queria era saber ler, e várias crianças a seguiram. Esclareci que, isso, aprenderíamos pouco a pouco, que não precisavam se preocupar. E, então, começaram a chover as propostas: os esquilos, os gatos, a China, os castelos, os dinossauros, o futebol, o Japão, os carros de corrida e as motos.

Anotei os temas na lousa e os li várias vezes, para que se decidissem qual mais lhes interessava. Também propus reunir os temas que tinham relação, para facilitar a votação e que não se diversificassem muito os votos. Um dos temas "reunidos" foi o de carros e motos; o outro, China e Japão. Pareceu-me que, como eram países distantes do Oriente, poderiam ser trabalhados juntos, embora, depois, tenha me arrependido dessa decisão, porque cada um deles tinha suficiente conteúdo. Erros que devem ser assumidos...

O resultado da votação foi: 12 votos para a China e o Japão, 2 votos para os esquilos, e 1 voto para os dinossauros, 1 para o futebol, 1 para os carros e as motos, 1 para as princesas, 1 para os *hamsters* e 1 também para o tênis. Muitas crianças votaram no tema que elas próprias tinham proposto; houve aquelas que mudaram de ideia e se somaram ao sugerido por outras; algumas escolheram o mesmo tema que seus amigos; e três tentaram votar duas vezes, porque diziam que gostavam de vários temas.

Desde o primeiro momento, começaram a fazer comentários, propostas e perguntas. Notava-se uma excitação especial, algo novo estava prestes a começar e todos estavam na expectativa. Eu disse às crianças que utilizaria três folhas de papel para anotar o que fossem dizendo, de forma ordenada: "*É preciso se organizar, senão, armaremos uma confusão*". Em uma delas, coloquei uma interrogação e, então, anotei perguntas, dúvidas e discordâncias, ou seja, o que deveria ser verificado. Na outra, desenhei uma boca (pictograma que significa "falar") para recolher os comentários. E, na terceira folha, o ícone foi uma mão: ali, deveríamos anotar as ideias e as propostas das coisas que poderíamos fazer.

Antes de ir, as próprias crianças escreveram um breve bilhete (copiado da lousa), no qual notificavam seus pais acerca do novo projeto: "Queremos aprender sobre a China e o Japão". Na porta da sala, um cartaz anunciava também o grande acontecimento. E foi assim que começou esta aventura...

Mão a mão

No dia seguinte, o mapa-múndi estava em um lugar bem visível. Na mesa de projetos, havia diversos objetos trazidos pelas crianças: dois livros sobre a China e o Japão, decorações chinesas, sombrinhas, livros, quimono de judô, leques, palitinhos,[2] um traje japonês de Paula, um bibelô chinês de cerâmica e dois contos ilustrados ao estilo oriental. À tarde, fizemos oficinas orientais: uma de pontaria, lançando as palavras chinesas e japonesas (*ikebana*, *sushi*, *origami*, *tai chi chuan*[3] e *sayōnara*); uma de procurar na internet paisagens dos dois países e, depois, desenhar alguma; outra de pintar as bandeiras da China e do Japão; e a última, de desenhar casas de arquitetura tipicamente chinesa.

As crianças seguiam comentando, perguntando e propondo coisas que eu anotava e organizava, dividindo-as no horário. Várias visitas foram feitas, aprendemos a dançar a música *Ina Bushi* (cujos movimentos assemelham-se aos da colheita),[4] fizemos leques, chapéus cônicos e sombrinhas, copiando os motivos apresentados em sala... Os pais se ofereciam para vir, as crianças falavam do tema sem parar, e todos pensávamos já em tom oriental. Além de não parar de dizer coisas chocantes:

---

[2] N. do E.: os "palitinhos" ou "pauzinhos" utilizados para se alimentar são chamados de *hashi* em japonês e de *kuàizi* em mandarim.

[3] N. da T.: prática milenar chinesa que nasceu como arte marcial, mas, atualmente, é mais conhecida como uma forma de meditação e de atividade física.

[4] N. do E.: *Ina Bushi* é uma música tradicional japonesa (estilo *min'yō*). Ina é uma bacia fluvial em uma área montanhosa, localizada na província de Nagano. A canção, exaltando a natureza e a percepção das estações do ano e do clima local, celebra as montanhas da região. A melodia é bastante conhecida sem a letra. No Parque Ina, na cidade homônima, há um festival chamado "*Ina Bushi Matsuri*", cujo objetivo é mostrar a música e a dança folclórica às gerações mais novas.

– Eu sei como os chineses comem queijo: com bichos de seda! – explicava Alina de forma exagerada.

– Eu soube que, depois de fazer *kung fu* e caratê, comem insetos: baratas, escorpiões e até ratos para ficarem fortes de novo – contribuiu Nico.

– E algas, que meu pai me disse – acrescentou Pablo.

– Um dia, podíamos ir pra China em excursão – sugeriu Alina.

– Nós dizemos que o mundo foi criado por "Déu"; ou Zeus, não me lembro, mas os chineses dizem que foi Bangu[5] – contou Neus.

– Pois a minha mãe está estudando comigo a Rota da Seda e a Grande Muralha da China – falou Candela. Quando terminarmos, vou contar tudo pra vocês.

– Os chineses têm os olhos mais longos do que os humanos – disse Iker.

– E quem são os humanos? – perguntei-lhe.

– Pois nós, os que falamos espanhol...

Essa contribuição nos levou a falar das diferentes etnias que existem: negros, brancos, amarelos... Eles definiam do seu jeito:

– Também há morenos – disse Sofia.

– E cor-de-rosa – adicionou Celia.

– Os tigres não são humanos – apontou Román.

– Não, são animais.

– Mas as árvores têm vida e não são nem humanos nem animais – esclareceu Aitor.

– É verdade – tentei esclarecer. É que os seres que existem podem ser do reino animal, vegetal e mineral.[6]

[5] N. do E.: na verdade, Pangu ou Pan Ku, considerado, pela mitologia chinesa, o ser primordial. Uma ligeira confusão da criança, que acaba sendo divertida ao leitor brasileiro.

[6] N. do E.: os reinos citados são os "reinos da natureza", de maneira mais geral. Recorda-se que os reinos biológicos são: *Monera* (das bactérias e cianobactérias), *Protista* (dos protozoários e das algas unicelulares), *Fungi* (dos fungos), *Plantae* (das plantas) e *Animalia* (dos animais). Os minerais são substâncias inorgânicas.

Continua

Continuação

– E as pessoas?

– As pessoas pertencem ao reino animal, porque nós viemos do macaco.

– Eu também? – dizia Anaís, com cara de espanto...

O ambiente estava muito animado. Algumas crianças de outras turmas souberam de nosso projeto e nos trouxeram contos, quimonos, passatempos japoneses e até uma sombrinha linda de Rocío que vinha “diretamente” do Japão. Minhas colegas também se entusiasmaram com o tema e nos emprestaram coisas úteis, como o CD de música chinesa de Reme, o conto *La bella mandarina*[7] que nos trouxe Marina, o gongo, a sessão de *tai chi chuan* que Ariana nos ofereceu e a colaboração que nos solicitou Inma, que veio com seus alunos, as Rãs, para pedir aos Elefantes que desenhassem uma pessoa chinesa cada um, para ilustrar uma canção. Essa demanda fez surgir um bonito encontro. Meus alunos fizeram os desenhos solicitados com muito gosto, e, quando fomos levá-los, houve sorrisos, música e presentes. Para nos agradecer, cantaram uma canção chinesa; em troca, nós lhes mostramos uma sombrinha e um chapéu que tinham trazido naquela manhã. Depois, um a um, e de forma cerimoniosa, fizeram a entrega dos desenhos.

Intitulamos esse trabalho em grupo de *Mão a mão*, porque foi uma tarefa conjunta realizada por crianças de idades distintas (3 e 5 anos), na qual se levou em conta a admiração dos pequenos em relação aos maiores, o cuidado carinhoso dos maiores em relação aos pequenos e a autoestima de todos. Também ocorreram as iniciativas de duas professoras, acostumadas a trabalhar juntas com todos os recursos de que se pode

[7] N. do E.: *A bela mandarina*, em tradução livre, é um conto infantil de autoria de Laura Pons Vega e ilustrações de Elena Odriozola. No livro, as artistas exploram a palavra mandarina, que pode significar tanto tangerina como esposa de um mandarim. A história, passada na China, trata de sentimentos, como a generosidade, o egoísmo e o amor, representados em desenhos.

dispor. Um verdadeiro brinde de colaboração esse "mão a mão" de crianças e professoras.

Um conto chinês

Estando em pleno projeto, vieram nos visitar cinco alunos de primeiro ano de *bachillerato*[8] do instituto de Torrellano (localizado no município de Elche, Espanha) com um de seus professores. Queriam ver como era nossa escola, como as crianças aprendiam aqui, se era parecida com escola que frequentaram quando pequenos, como era o ambiente, se brigavam ou não... Convidei as crianças a contar aos visitantes o que fazíamos, e lhes explicaram que "faziam amigos", brincavam, jogavam, pintavam, faziam peças de teatro, escreviam, faziam oficinas, dançavam, faziam poesias, escutavam histórias, estudavam informática, aprendiam inglês e valenciano, e que agora estavam aprendendo sobre a China e o Japão.

Então, pedi aos visitantes que explicassem às crianças o que significava "trabalhar como chineses". "*É trabalhar muito*", comentaram. E falaram das lojas de chineses, que sempre estão abertas, e de que tinham muitas outras coisas que se fabricavam na China, porque os chineses eram muito, muito trabalhadores. Também disse que explicassem o significado da frase "*Isso é um conto chinês*", e disseram que era uma mentira muito grande. Enquanto dialogávamos, o professor (e pai de Nicolás, aluno de 2 anos), confeccionou um chapéu de samurai[9] dobrando papel, e falou um pouco da arte do *origami*. Outro bom encontro. Aprender com a suficiente abertura, para que entrem os saberes e os ares de fora, o que é sempre útil, além de muito gratificante e agradável.

---

[8] N. da T.: muito similar ao Ensino Médio brasileiro, por ser a etapa que prepara os estudantes para ingressar na universidade, mas não é obrigatório.

[9] N. do E.: provavelmente, um *kabuto*. Há diversos tutoriais que ensinam a fazer um *kabuto* de *origami*.

As contribuições continuavam. Nico trouxe os nomes de todos os colegas em caracteres japoneses e um calendário de *aikido*; Álvaro, o horóscopo chinês; Candela, um pingente; Alberto D., um mapa-múndi; Alberto Ll., o conto popular chinês *El pincel mágico*,[10] e Héctor, um lindo quimono de sua mamãe e os números em chinês e em japonês. Nesses dias, instaurou-se uma espécie de ritual, que consistia em começar vendo os materiais que traziam, depois, fazer alguma leitura ou assistir a algum vídeo no computador sobre coisas da China ou do Japão, dançar a dança japonesa e realizar alguma tarefa em papel antes de nos dirigirmos ao pátio.

Fazíamos trabalhos relacionados com o tema, que, em maioria, eram propostos por pelas crianças: lanternas, sombrinhas, leques, templos, pandas comendo bambu, colocar seus nomes em chinês e em japonês etc. Também recebíamos as visitas e escutávamos as exposições que algumas crianças preparavam com seus pais. A verdade é que se dispuseram a aprender com tal ímpeto que já sabem o que é a Grande Muralha da China e a Rota da Seda, graças às explicações de Candela; conhecem a simbologia chinesa da criação do mundo, que Neus nos contou, além de saudações, lutas, esportes, costumes, bandeiras... Explorando na internet, viram a arte chinesa e a japonesa, paisagens, arrozais, roupas, armas, comidas, palanquins...[11] Também lemos vários contos chineses: *El nacimiento del dragón*, *El pequeño plátano*, *Mandarina*, *El pincel mágico*.[12] Cantamos canções chinesas e aprendemos um fragmento do magnífico poema de Nicolás Guillén, *La canción del regreso*:[13]

---

[10] N. da T.: *O pincel mágico*, em tradução livre.

[11] N. da T.: são veículos para uma única pessoa, utilizados, em geral, em países asiáticos, como China e Índia, em que há uma liteira fechada, presa a dois varais, puxados no ombro por dois ou mais homens, ou, em alguns casos, no dorso de animais como elefantes ou camelos.

[12] N. da T.: *O nascimento do dragão*, *A pequena banana*, *A bela mandarina*, *O pincel mágico*, em tradução livre.

[13] N. da T.: *A canção do regresso*, em tradução livre.

¿Conoces tú	Conheces tu
la tierra del arroz y del bambú?	a terra do arroz e do bambu?
¿No la conoces tú?	Não a conheces tu?
Yo vengo de Pekín.	Eu venho de Pequim
Pekín	Pequim
sin mandarín,	sem mandarim,
ni palanquín.	nem palanquim.
[...]	[...]
Allá	Lá
la vida en flor está.	a vida em flor está.
Se ve	Se vê
la vida puesta en pie.	a vida posta em pé.
¡Canta conmigo, amigo,	Canta comigo, amigo,
y di como yo digo!	e diga como eu digo!

Os japoneses nos visitam

Quinta à tarde, vieram nos visitar dois estudantes japoneses, conhecidos da mãe de Marvin. O que foi porta-voz respondeu muito sorridente às perguntas que lhes formularam as crianças e contou de seu país, de seus costumes e de sua história. As crianças pediram que eles falassem em japonês, e suas vozes soaram como uma música aguda e diferente, provocando risadas. Mauro escreveu letras e números em japonês, falou das gueixas, das comidas típicas de lá, da roupa, dos jardins japoneses e dos colégios, que eram muito sérios e exigentes. Comentou que, em algumas regiões, comiam insetos, que as portas corrediças das casas eram de papel, e que o esporte típico era o sumô.

Também tiveram de responder duas questões um tanto difíceis. "*Por que vocês têm os olhos assim?*", ao que os visitantes disseram com toda a naturalidade: "*É nossa etnia*". E a de Alberto D.: "*Como beijam no Japão?*", responderam esclarecendo que, em seu país, não estavam muito acostumados a beijar, e que apenas beijavam os bebês, coisa que causou um grande espanto nas crianças. Também disseram que, por isso, saudavam-se com um breve toque de mãos ou com a saudação cerimonial, uma reverência.

O professor japonês

Quando começamos o projeto, pensei em passar em classe o documentário japonês *Children Full of Life* [*Crianças cheias de vida*, em tradução livre],[14] transmitido na Espanha pelo canal TV3, no programa *60 Minuts*, que narra a relação cotidiana de um grupo de crianças e de seu professor em uma escola no Japão. No entanto, tinha algumas dúvidas: era longo (quase 50 minutos), as crianças que apareciam tinham 10 anos, estava em catalão... Por esse motivo, adiei, mas a visita dos estudantes japoneses me reafirmou a ideia de que meus alunos o assistissem, porque acreditei ser útil que soubessem que nem todas as escolas japonesas eram iguais, que podiam haver exceções.

Toshiro Kanamori, o professor do documentário, mostra-se muito próximo de seus alunos, que notam que ele os estima e lhes transmite como mensagem principal que a escola não é apenas um local para se aprender, mas, também, para ser felizes... O documentário apresenta uma escola flexível e um professor que considera: a escuta em relação aos seus alunos, o tratamento dos afetos no cerne do grupo, a busca do prazer dentro da tarefa, a clareza na relação entre o adulto e as crianças, a conservação de algumas normas coerentes, a criatividade, a relação com as famílias...

As crianças assistiram ao documentário em silêncio enquanto eu traduzia as legendas e, ao término, fizemos uma pequena discussão. Disseram que tinham gostado das cenas nas quais as crianças japonesas se jogavam na água em uma excursão, lançavam-se no trenó no pátio do colégio

[14] N. do E.: o título original desse documentário de 2003, produzido pelo canal japonês NHK, é *Namida to warai no happī kurasu: 4 nen 1 kumi inochi no jugyō*, cuja tradução seria *A classe feliz das lágrimas e dos sorrisos: a vida de uma aula em uma turma do quarto ano*. Foi transmitido na Espanha sob os títulos *Pensant em els altres* (em catalão) e *Pensando en los demás* (em espanhol), que podem ser traduzidos como *Pensando nos outros*. Optou-se por deixar o título em inglês no texto, porque é como o documentário foi distribuído na maioria dos países.

quando nevou, jogavam futebol no barro e celebravam um concurso de barquinhos na piscina. Pepe aproveitou a oportunidade para pedir que os deixasse jogar futebol na poça que se forma em nosso pátio quando chove.

Também gostaram dos caracteres que as crianças utilizavam para escrever as cartas que o professor lhes pedia e nas quais explicavam suas experiências e seus sentimentos. Anaís comentou que ficou com pena da menina de que outras crianças zombavam no filme. Álvaro, do menino cujo pai havia falecido. Várias crianças disseram que tinham ficado agoniadas quando as crianças do documentário choravam. Alberto Ll. comentou que "*até tinha caído uma lágrima*", e Aitana, que ela "*tinha pensado no conto 'Así es la vida'* ['*Assim é a vida'*, em tradução livre] *porque morrer é uma coisa que acontece na vida*". Ao falar do castigo que o professor deu a um dos meninos por bancar o engraçadinho, em geral, acharam bastante coerente, mas ficaram com raiva de o professor tê-lo castigado com a proibição de experimentar o barco que construíra com seus colegas, e se alegraram quando o docente mudou de ideia e assentiu que o menino participasse, ao pedir para todas as crianças.

Foi um momento muito agradável, que serviu para observar outro grupo de perto; para desfrutar de suas aventuras; para se identificar com as crianças um pouco mais velhas; para escutar as mensagens do professor Toshiro; para refletir sobre a necessidade das regras; para confirmar que é bom dizer o que nos aconteceu, os sentimentos ou o que nos preocupa; para tantas coisas... Ao terminar, pensei que, talvez, também os pais das crianças gostariam de ver o documentário, então, coloquei um aviso com a oferta de emprestar o DVD aos que estivessem interessados. Quinze famílias quiseram.

Haicais

Um dia, expliquei aos meus alunos o que eram os haicais:[15] pequenos e condensados poemas sem rima, mas muito bonitos.

[15] N. do E.: em japonês, *haiku* (em japonês clássico, *hokku*). São poemas curtos, em três versos (o primeiro com cinco sílabas, o segundo com sete sílabas e o terceiro com cinco sílabas). Em geral, sua temática abrange a natureza.

"*Haiku* é simplesmente o que está acontecendo aqui, agora."
Bashō[16]

Li a eles vários haicais, e perceberam que não rimavam, mas, como alguém disse: "*parecia, sim, que rimavam, porque eram bonitos*".

Noite de Lua
Subindo em uma pedra
Coaxa a rã.
Rankō[17]

Ontem nevou
Amanhece
Como reluz o bosque!
Rōka[18]

Cerejeiras na noite
Se mais me afasto, mais
Volto a olhá-las.
Fūsē[19]

Lavo o caldeirão
E se mesclam meu ruído
E o das rãs.
Ryōkan[20]

---

[16] N. do E.: considerado o maior expoente do gênero, Matsuo Bashō teve seus trabalhos bastante inspirados pelo *zen*, prática budista meditativa. A frase inserida no livro é uma resposta de Bashō a seu mestre *zen*, Bucchō. Há diversas anedotas que citam que Bashō criou seu haicai mais famoso durante uma conversa com Bucchō.

[17] N. do E.: Takakuwa Rankō nasceu em Kanazawa, mas viveu muitos anos em Quioto, onde ficou conhecido pelos seus haicais durante o século XVIII.

[18] N. do E.: além de poeta, foi um monge budista do Período Edo (quando o Japão era governado por xóguns, líderes militares). Discípulo de Bashō, exaltou-o sobremaneira após a morte deste.

[19] N. do E.: Tomiyasu Fūsē foi um poeta que viveu entre os séculos XIX e XX.

[20] N. do E.: Ryōkan Taigu foi um monge budista da escola *Sōtō Zen*, bastante conhecido pelos seus poemas e por sua caligrafia.

Tentamos descobrir seu significado e, pouco a pouco, começaram a captar o que possivelmente queriam dizer. Algumas comentavam que lhes pareciam outras coisas, pelo que se comentou da interpretação livre da beleza. Pedi às crianças que escolhessem um haicai cada uma e o ilustrassem sobre papel vegetal. Ficaram ótimos.

Gostei de ver como se aproximam dos significados e como vão decifrando as metáforas, mas, sobretudo, de comprovar que relacionam os poemas consigo mesmas, como é lógico em um momento tão narcisista do desenvolvimento quanto o que atravessam:

– Eu quero o das rãs, porque gosto de caçá-las.
– Eu quero o do caldeirão, porque meu pai é cozinheiro.
– Eu quero o da neve, porque me chamo Neus.

Fazemos *ikebana*

A avó de Pepe entrou um dia na aula cheia de sacolas e de recipientes com flores, ramos, folhas e outros elementos para fazer *ikebana*. E, além da beleza das plantas que trazia, e de que estávamos há dias esperando por esse momento, a recepção que lhe fizeram as crianças foi esplêndida: olhavam, sorriam, diziam que cheirava a flores, houve quem aplaudisse...

Leles veio animada e ativa, iniciando a sessão com algumas explicações básicas:

> *As* ikebana *são arranjos florais japoneses, que são feitos procurando a beleza e o equilíbrio. E vocês têm que saber que são feitos com apenas três flores, que significam: o homem (*sin*), que é a flor que vai no centro e deve ser colocada bem reta; o céu (*soe*), outra flor mais curta, colocada inclinada à esquerda; e a terra (*tai*), a flor mais curta das três, que é colocada com inclinação à direita.*

> *De decoração, pode-se colocar folhas de ficus, pedrinhas, pontes, água, borboletas...*
>
> *Nós usaremos rosas de cor salmão e primaveras, mas pode se fazer com outras flores e de outras cores. Vamos arranjando com afeto e calma os elementos-chave e os enfeites, procurando tapar a cortiça molhada na qual são fincados. E, ao final, colocam-se três pedras e um pouco de água, assim, as flores e as folhas durarão, porque a cortiça pode ser molhada durante vários dias. Além disso, essa água simboliza o equilíbrio.*

Quando fez uma pausa, as meninas se queixaram, porque sentiram "*que não apareciam na* ikebana", e Leles, compreensiva, esclareceu-lhes que, na verdade, a denominação "homem" se referia às "pessoas", fossem elas meninas ou meninos, desse modo, todo mundo ficou contente e conseguiu se identificar com essa flor reta e alta que era a parte principal e mais vistosa do arranjo. Depois das explicações e da demonstração, nossa especialista visitante distribuiu a cada criança os materiais com os quais confeccionaram preciosas *ikebana* que levaram para suas casas.

Agradecemos esse encantador presente floral com um haicai que também fala de flores:

Quando minha vida
serve ao crisântemo
se tranquiliza.
Shūōshi Mizuhara[21]

Tai chi chuan

Uma manhã, fomos inaugurar de forma solene a ponte tibetana que tão amavelmente nos deu um grupo de pais da turma passada, como presente-lembrança da passagem de seus filhos pela escola.

---

[21] N. do E.: nascido em Tóquio, foi um médico e poeta de haicais que viveu entre 1892 e 1981.

Adornados com seu chapéu cônico, ensaiando reverências e maquiados, os Elefantes passaram pela ponte ao som do gongo (verdadeiro) que nos emprestou Lázaro, um amigo músico. Depois, Ariana explicou às crianças que o *tai chi chuan* vinha da China, e que, primeiro, tinha sido uma luta, mas que, agora, era um esporte que tranquiliza por sua suavidade e lentidão, além de fortalecer os músculos. Também comentou que é um pouco difícil, porque é feito com movimentos longos e sequenciados, mas que, na China, todo mundo pratica nas ruas ou nos parques. A seguir, fez com eles uma memorável sessão de *tai chi chuan* ao lado dos jacarandás. "Grou" e "guerreiro" foram as posturas mais solicitadas e exitosas.

Deliciosos pratos orientais

Os dois pais cozinheiros que temos na turma nos propuseram uma contribuição ao projeto muito atrativa e apetitosa: ensinar às crianças alguns pormenores da cozinha oriental e preparar com elas comida chinesa e japonesa. Aceitamos sem questionar e combinamos os dias em que viriam.

Chegaram os pais de Pepe com roupas chinesas, cheios de comida e de sorrisos. Começaram mostrando às crianças os utensílios que se utilizam na culinária chinesa: os cutelos, os diversos tipos de cortadores para fazer esculturas na fruta, o *wok* (frigideira chinesa)... Dani, o papai cozinheiro, contou-nos que os chineses costumam fazer figuras muito bonitas para decorar as mesas e, enquanto as fazia, cortou em lâminas uma maçã e fez um bonito cisne em apenas alguns minutos. Raquel, a mamãe ajudante, colocou um vídeo no qual Chao, uma criança chinesa, explicava como tinham que pegar os palitinhos para poder comer. Gostaram tanto que ela teve que colocar novamente. Raquel e Dani distribuíram os palitinhos para todos e propuseram às crianças praticar pegando alguns pedacinhos de esponja que colocaram nas mesas. Isso as envolveu por um tempo, que foi muito divertido.

A seguir, assistimos a outro vídeo no qual explicava como se fazia o pão de camarão. Dani nos mostrou, primeiro, sem cozinhar; as crianças disseram que pareciam chapas, plástico, tampas... Depois, mostrou já cozinhando, e, aí, veio o primeiro aperitivo do dia, porque nos ofereceu para que o experimentássemos, e houve até gritinhos de satisfação e pedidos de mais.

Assim, lavamos as mãos, de acordo com a indicação higiênica de nosso *chef*, e fomos ao refeitório, onde, diante do deslumbramento de todos, Dani começou a cortar cebolas, pepinos e cenouras a toda velocidade, para preparar o segundo aperitivo, que foi o pato a Pequim. Explicou às crianças como deveriam fazê-lo: é preciso colocar uma panqueca no prato; em cima, um pouco de um molho escuro e saboroso, e, então, o pato, que já estava frito e em tirinhas. Por último, umas verdurinhas cruas, ao gosto de cada um. Enrolava-se a preparação, provada entre comentários e estranhezas: "*Como o molho está gostoso*"; "*A cebola arde*"; "*O pepino não me desce, prefiro a cenoura*"; "*Eu queria cortar tão rápido quanto seu pai*"; "*Se meu irmão provasse isso, ia amar, porque ele gosta de tudo o que é chinês*"; "*Eu acredito que não vou conseguir comer com os palitinhos!*"...

Depois, todas as crianças fizeram um espetinho de frutas com lichia, abacaxi, pêssego, cerejas em calda, pera e banana, e guardamos para a sobremesa (embora mais de uma tenha experimentado antes da hora). O primeiro prato era o *chão fàn*,[22] que as crianças se serviam sozinhas, escolhendo entre todos os ingredientes que estavam preparados em tigelas: arroz, ervilhas, camarões, milho, ovo e presunto. O segundo era composto de macarrão para *lámen* e rolinho primavera, com seus molhinhos, com suas cores e seus aromas pouco habituais, mas tão atrativos.

[22] N. do E.: no Brasil, muito possivelmente pela influência da forte imigração japonesa, o prato é mais conhecido (até mesmo em locais que costumam trabalhar com a culinária chinesa) como *yakimeshi* ("arroz frito").

O desafio de comer com os palitinhos foi muito bem recebido. Alguns eram ótimos, outros demoravam mais. No pior caso, estavam o garfo e a colher para resolver os apuros. Que divertido vê-las comer desse modo... Foi um dia muito especial, a escola cheirando a restaurante chinês, as professoras se aproximando para ver e provar, todo mundo contente, a comida maravilhosa, e a muito amável companhia e orientação dos pais de Pepe.

Tonet, o pai de Pablo, veio acompanhado por seu amigo Juanra e nos fizeram uma aproximação à cozinha japonesa. Primeiro, explicaram-nos que, no Japão, come-se muito peixe, porque o país é uma ilha e, ali, o peixe é abundante. Além disso, comem arroz, verduras e algas, como na China, uma maneira muito saudável de se alimentar. A seguir, demostraram como se fazia o *sushi*. Colocaram uma alga, nela, o arroz bem estendido, o atum cru, umas tirinhas de abobrinha e cenoura, e um pouquinho de creme de queijo.[23] Envolveram o rolinho com ajuda de uma esteira de bambu e o cortaram em rodelas, para que, quem quisesse, provasse, embebido em molho de soja. Os audaciosos que o provaram, aproveitaram, mas nem todos se animaram a fazê-lo.

Também fizeram *sashimi* e *tartare* de atum,[24] que bastantes crianças comeram. E, de sobremesa, *dorayaki*, umas tortinhas cheias de chocolate,[25] que já trouxeram preparadas e que se fazem com ovo, açúcar, mel e farinha. Comentaram que eles próprios as tinham preparado e que não tinham gordura. "*São muitíssimo saudáveis!*", diziam. Mas o doce não precisava de propaganda nenhuma, já que era conhecido pelas crianças por aparecer

[23] N. do E.: ressalta-se que, no Japão, não se usa queijo no *sushi*, como se costuma fazer no Ocidente.

[24] N. do E.: o *tartare* é um prato típico europeu, feito com carne crua. Não se trata de uma comida japonesa típica. É possível que tenham feito desse modo porque é mais familiar às crianças, incentivando-as a provar a preparação.

[25] N. do E.: o *dorayaki* tradicional tem recheio de doce de feijão *azuki* (chamado de "*anko*").

nos desenhos do *Doraemon*,[26] de tal forma que começaram a aplaudir e comeram em um segundo.

Os cozinheiros visitantes nos explicaram o que era "marinar" (temperar, conservar ou amaciar carnes) e falaram sobre o quão afiadas tinham que estar as facas; o quão importante é fazer uma apresentação bonita dos pratos, porque, assim, são provados com maior prazer; o quão grandes podem ser os atuns: como três crianças juntas com os braços estendidos... E elas logo testaram, colocando-se de três em três e estendendo os braços, para ter ideia de quanto mede um atum. Contaram-nos, também, que seu trabalho era cansativo, mas interessante, e que, nele, havia momentos de muita pressa, que eram os maus, e momentos para parar, que eram os bons, e que eles aproveitavam para inventar coisas novas e se divertir.

Muito obrigada aos pais de Pepe, a Tonet e a Juanra, por suas deliciosas contribuições ao nosso projeto!

Onde tem mais gente: na China ou no Japão?

Na última semana, recordamos o aprendido, confeccionamos um livrinho com as coisas mais interessantes que descobrimos, dançamos *Ina Bushi*, como forma de despedida, e começamos a fazer um templo com telhados brilhantes e um dragão chinês cheio de lantejoulas, para conectar esse tema com o próximo, o Natal, de uma maneira significativa.

Em uma dessas últimas manhãs, surgiu o que seria a tacada final do projeto: uma discussão entre várias crianças sobre se havia mais habitantes na China ou no Japão. Alguns diziam que, na China, havia mais gente "*porque tinham mais terra e mais arroz*"; outras, que, no Japão, havia mais pessoas "*porque os japoneses eram baixinhos e cabiam muitos em sua ilha*". A discussão era útil e destacava uma falha. No começo do projeto, tinha

[26] N. do E.: série de animação japonesa (*anime*) que popularizou sobremaneira o *dorayaki*, em razão de ser o lanche preferido do protagonista, cujo nome intitula a obra.

pensado em procurar esses dados, mas deixei passar, por isso, entramos na internet e averiguamos que, na China, vivem 1.411.778.724 pessoas, no Japão, 125.708.382, e na Espanha, 47.431.256.[27] Falamos um pouco sobre isso e, aproveitando, comentei que, como eram muitos e muitos os habitantes na China, por muito tempo, tinham sido proibidos de ter mais de um filho por família, para que não aumentasse muito a população.[28] As crianças fizeram semblantes de perplexidade e, de repente, ocorreu-me fornecer a elas um detalhe explicativo e um tanto provocador:

– Agora, pensando nisso, se nós fôssemos chineses, talvez os que são segundos filhos ou terceiros não teriam nascido. Os que são os primeiros e os que são filhos únicos, sim.

– Mas se não tivéssemos nascido, não viríamos à escola. Ótimo! – respondeu velozmente Pepe, aceitando a defesa e passando ao contra-ataque.

– E, se não tivessem nascido, não existiriam – segui, animada ao ver sua reação.

– Mas não iríamos à escola, e vocês, sim, viriam – insistiu Pepe, apontando com o dedo aos que, supostamente, "sim, existiriam".

– Não importa, não importa. Gostamos de vir à escola! – comentou Alina em tom conciliador, resolvendo a engraçada discussão.

[27] N. do E.: valores atualizados com dados de 2021.

[28] N. do E.: recorda-se que, em 2016, após mais de 30 anos em vigor, a China aboliu a política do filho único. Atualmente, os casais estão autorizados a ter até três filhos.

Um término chocante para um projeto no qual se trabalhou, brincou-se, aprendeu-se, refletiu-se e conheceu-se outras maneiras de viver. Um projeto compartilhado por crianças, pais, professoras e amigos. Uma escola que se abre ao exterior para aproveitar saberes, recursos e novidades. Uma forma de aprender próxima, viva, ativa e alegre.

7 O que tem repetido no corpo

Fonte: Reme Picó (Educação Infantil Aire Libre, Alicante, Espanha).

Silenciosas, concentradas, absortas. Examinando buracos, querendo saber, tocar, entrar, abrir. Assim brincam essas crianças com o boneco que se torna figura de identificação, de doente, de paciente. O corpo é algo importante em nossa vida, mas, nas primeiras idades, é ainda mais. Mostra-nos, representa-nos, diz sobre nós. É o ponto do qual se exerce a curiosidade, do qual se recompilam as sensações, o movimento, a exploração, o lúdico, as relações. É no corpo que se alojam o prazer e a dor; que o toque e os carinhos fazem descobrir a pele e as sensibilidades; que as alegrias se manifestam em forma de sorriso, de corrida ou de puro grito, e as dores e tristezas em forma de lágrimas ou de debilidades. É uma caixa que ressoa nossas emoções, o lugar em que podemos viver nossa interioridade. Assim, não deveríamos considerá-lo um tema a mais; é preciso dar a ele um lugar privilegiado e tentar fazer a vida cotidiana, a aprendizagem, a socialização e os sentimentos passarem pelo corpo... para irem profundamente.

O projeto do qual falo a seguir ecoa de como se deu a dinâmica da sala de aula à particularidade não muito frequente de uma das crianças, e os conflitos, as conversas e as verificações geradas, tanto no grupo de crianças quanto em mim, como professora. Eu gosto de ter conseguido refletir sobre minhas dúvidas, meus medos, minhas decisões, nos âmbitos pedagógico e afetivo, assim como parte de meu processo na realização dos projetos de trabalho.

Efetivamente, na descrição do relato, há reflexões e comentários sobre o trabalho em projetos. Sobretudo, no sentido de modificar alguns aspectos: as diferentes situações que vivi ao escolher o tema, o risco e o prazer de assumir o resultado da livre escolha das crianças, o ambiente de participação e o diálogo em aula, os desvios e as curvas, percorridos em qualquer projeto...

Eu gostaria que, ao lê-lo, seja possível captar suficientemente bem as implicações no "andar de baixo" envolvidas nessa bonita tarefa. Por um lado, a complexidade do tema em geral: o corpo; por outro lado, a sensibilidade do tema em particular: o fato de Jesús ter apenas um rim, e de as demais crianças irem aprendendo a respeitar sua diferença.

***

A turma da qual se trata este texto está formada por 25 crianças: 13 meninos e 12 meninas, de 5 anos; a maioria delas ia à escola desde os 2 anos. Trata-se de um grupo bastante unido e autônomo, sempre disposto a aprender e a verificar. Sua dinâmica de trabalho é participativa e aberta, oferecida a elas pela equipe de professoras, respondendo com muito envolvimento e entusiasmo.

A dinâmica de trabalho proposta segue duas vias que se entrelaçam: a do *trabalho das aprendizagens* e a do *trabalho afetivo e em grupo*. Esses dois eixos constituem um ambiente que leva ao êxito dos objetivos curriculares, mas tomando como base o bem-estar que a escuta, a segurança emocional e a união dos grupos proporcionam.

Os temas que trabalhamos surgem, pois, de várias maneiras: das crianças, do professor, das vicissitudes do calendário, e dos trabalhos globais da escola. Seja de uma maneira, seja de outra, em todos eles, haverá uma dinâmica na qual se provocará a participação, o envolvimento e a contribuição de materiais e de ideias. Falamos sobre o tema que temos interesse em cada momento; anotamos as dúvidas, as discussões e as propostas; lemos; vemos vídeos, fotografias, filmes; fazemos enquetes; realizamos excursões relacionadas com o tema; averiguamos os pontos que despertam mais interesse nas crianças; e concluímos com uma discussão, um resumo de livro ou a realização de alguma outra coisa.

Como se sabe, os pontos centrais dessa metodologia são: a globalização, a autonomia, o trabalho em grupo, a exploração, a criatividade, a descentralização do papel do professor e o desejo de saber inato na criança, gerado no grupo pela dinâmica especial da aprendizagem significativa e do trabalho cooperativo.

Os projetos de trabalho se iniciam de muitas maneiras. Algumas vezes, motivados por um interesse genuíno de alguma criança ou de um pequeno grupo. Outras, por uma discussão que precisa ser sustentada pela verificação de algo, ou diante de um acontecimento que comove o grupo por completo. Podem surgir de uma tarefa que se deseja materializar com a construção de algum objeto. Também como derivação de outro projeto anterior, de uma viagem, de um conto, de uma gravidez, de um quadro, de uma doença, de um encontro ou de um desencontro e, inclusive, de uma proposta do professor.

Em geral, evito influenciar a escolha do tema do projeto de trabalho. Quando um tema novo será escolhido, sou a última a falar, para não contaminar os interesses das crianças; às vezes, minhas propostas têm apenas o meu voto. No entanto, há alguns momentos em que vejo um interesse marcado, discussões sobre algum tema e perguntas frequentes sobre este, então, animo-me a propor entrar nele. Com resultados positivos em relação à minha proposta ou não. Lembro-me de uma vez que sugeri: "*Vejo vocês falando e brincando com bebês. Querem aprender sobre isso?*". E me responderam: "*Não, porque fazemos isso para brincar. De bebês já sabemos bastante!*". Desse modo, nos momentos em que quero que se trabalhe sobre algum tema, não o pergunto, mas, sim, digo às crianças que acho interessante que aprendamos sobre isso ou aquilo, e minha proposta não vai para a votação, simplesmente é iniciada. Prerrogativas de ser a professora.

Considero que uma das coisas que mais favorecem a autonomia de meninos e meninas é a sensação de serem donos de sua aprendizagem, portanto, sempre que possível, favoreço que as crianças proponham os temas que vamos trabalhar, apesar dos riscos que isso acarreta. Certa vez, por exemplo, tudo o que se propunha era sobre animais, porque, no grupo, estava Miguel, que entendia muito a respeito e era um entusiasta do tema. Assim, pareceu-me necessário intervir e dar uma volta, esclarecendo que há muitas outras coisas que poderiam ser aprendidas, para que fossem apresentadas para a escolha assuntos mais variados. Outras vezes, ainda, apareceram os temas mais excêntricos possíveis, como as Barbies ou os Pokémons.

De todo modo, acho mil vezes mais atrativo que apareça algo que não espero, que não sei nem por onde vai se dirigir, como uma vez em que trabalhamos sobre "*se era bom ou ruim presumir*", ou sobre "*quem põe a semente da vida*". No ano passado, surgiu o tema: "*Os dragões que soltam fogo pela boca*", e isso nos levou aos dragões de Komodo, à constelação de Draco, às salamandras ou lagartixas,[1] aos dragões chineses, ao dragoeiro[2] e aos dragões dos contos, claro.

---

[1] N. da T.: "*dragoncillos*", no original.

[2] N. da T.: no original, "*Drago de Canarias*", uma árvore muito comum nas Ilhas Canárias, arquipélago pertencente à Espanha.

O começo do projeto

O projeto de trabalho que será descrito aqui surgiu de um acontecimento afetivo que começou em minha turma no começo do ano letivo e voltou a emergir na primavera.[3] Vou explicá-lo.

Nos primeiros dias de setembro, para facilitar o encontro e retomar o diálogo interrompido pelo verão, cada criança explicava algumas coisas pessoais diante dos colegas, de sua livre escolha. Jesús contou que o tinham operado quatro vezes e que, se quiséssemos, mostraria suas cicatrizes, coisa que fez sem esperar resposta: "*Eu agora só tenho um rim, mas funciona muito bem*", dizia-nos com orgulho.

Para acolher esse comentário que apontava sua pouco frequente particularidade, pedi a ele que desenhasse a si mesmo com todas as suas marcas, e, com seu desenho, inauguramos um livro para a turma, intitulado *O livro das cicatrizes*. Jaime lembrou que ele também tinha duas cicatrizes no queixo, de duas "*quedas com pontos*"; Luis tinha uma na sobrancelha, que quase não se notava; e várias outras crianças tinham sinais de outros tipos de ferimentos. Dessa maneira, com os desenhos de todos os "marcados", confeccionamos um pequeno livro, no qual recolhemos as experiências vividas e constatamos as peculiaridades inscritas nos corpos de algumas crianças da turma, que falavam de parte das diferenças que havia entre nós.

Acredito que seja interessante refletir sobre os acontecimentos que vão tomando lugar no grupo em gráficos, em livros caseiros, em fotografias, em anotações ou em desenhos. Servem para construir uma memória de nossa trajetória relacional, para fazer notórios os diferentes percursos pessoais, as características de cada um, as recordações, os desejos ou os sonhos. Busco uma forma de guardar a história de nossa trama como grupo, porque considero que, para um grupo, é importante conhecer-se, compreender-se, valorizar-se e poder relembrar os processos significativos de sua constituição.

[3] N. do E.: recorda-se que o ano letivo na Espanha se inicia no outono (setembro) e termina na primavera (junho).

Passados vários meses, ocorreu algo que nos fez voltar a falar do rim de Jesús. Uma manhã, ao entrar do pátio, notei um alvoroço entre as crianças. Jesús chorava, Pedro abaixava a cabeça e se afastava, vários gritavam. Perguntei o que tinha acontecido, e me disseram que Pedro tinha mexido com Jesús, e o tinha feito chorar. "*E como foi? Discutiram? Brigaram?*", perguntei. Então, Jesús contou, soluçando, que Pedro havia zombado dele porque ele só tinha um rim. Pedro não negou, desse modo, tentei verificar o que o tinha levado a dizer aquilo, mas não respondeu às minhas perguntas. Assim, as únicas explicações que pudemos encontrar foram as sugeridas por David ("*Estão brigados desde ontem*") e por Iris ("*Pedro com certeza está com raiva*").

Minha intervenção foi no sentido de fazer todos refletirem. Se existe algum motivo de aborrecimento entre as pessoas, deveria ser discutido com quem pensamos que nos fez algo, ou se queixar em voz alta. Contudo, atacar e fazer outra pessoa sofrer para se livrar da raiva ou do próprio aborrecimento não é o melhor caminho para ficar tranquilo. Também explicitei que não entendia o ocorrido e que tinha que seguir pensando nisso, porque, por um lado, estava o fato, e, por outro, Pedro não dissera o que o tinha impulsionado a dizer a Jesús algo que podia incomodar ou machucar. Ficou bem claro que não tinha gostado do ocorrido e que tínhamos que seguir falando sobre, e assim aconteceu.

Pedi a Jesús que voltasse a nos explicar por que tinha apenas um rim, e ele contou que, quando era pequeno, muitas vezes, tinha febre porque o xixi não saía muito bem, e isso era porque o rim não funcionava, portanto, retiraram o órgão. Para operá-lo, colocaram anestesia em um "balão", que ele soprou e, então, dormiu. E, quando acordou, já tinham retirado seu rim. Para consolá-lo um pouco, disse que sabia por seus pais que ele tinha se comportado muito bem no hospital, e lembrei de comentar que tinha sido uma sorte que fosse um rim que estivesse mal, porque temos dois, e, assim, podia continuar com o outro. Se as dificuldades fossem com o coração, a solução teria sido mais difícil, porque temos apenas um coração:

– Sim, sorte que no corpo há coisas repetidas – disse Luisa em tom de apoio a Jesús.

– Claro, as bolas dos meninos.

– E as tetas das mães.

– E os olhos.

– E os buracos do nariz.

– E as bochechas.

– E as pernas.

– E os braços.

– Os cabelos também estão repetidos, mas tem muito mais que dois, tem milhares.

– E as rugas.

– E os dedos.

– E as unhas.

– E os ossos

– E os dentes.

– O coração não está repetido.

– Nem o cérebro.

– Nem a língua.

– Nem o umbigo.

– Nem a campainha da garganta.

– Mas as amígdalas, sim, porque, na minha mãe, sai pus, e eu já vi.

– Os brincos também estão repetidos.

–Você quer dizer as orelhas.

– Sim, e a bunda, que está dividida em duas partes.

– E os cotovelos.

– E aquilo de ficar de joelhos.

– E as lágrimas.

– E os dodóis.

Continua

Continuação

– E as pintas.

– E os catarros.

– Os pulmões também estão repetidos.

– E as sementes dos meninos, que são esses bichinhos que correm muito e têm rabo.

– Pois meu papai poderia vir falar dos olhos. Ele sabe muito disso, porque faz óculos – disse Marta.

– Sim, que venha, assim, perguntarei o que tem dentro do olho, que sempre quis saber – disse Iker.

– É uma boa ideia, Marta. Poderíamos perguntar ao seu pai o que nos interessa saber sobre os olhos, ainda que, primeiro, teria que saber se poderia vir ou não.

– Bom, pois amanhã digo pra vocês.

No dia seguinte, Marta nos assegurou alegremente que seu papai viria na terça, às 10 horas, se concordássemos. Desse modo, estabeleceu-se um diálogo no qual surgiram as perguntas que queríamos fazer ao pai de Marta, e, também, algumas respostas espontâneas:

– O que temos atrás do olho?

– O que tem dentro do olho?

– Eu sei, tem uma coisa vermelha, que é sangue.

– Temos uma esponjinha no olho?

– Como se chama a bolinha preta do olho?

– O que temos dentro da cabeça, depois do olho?

– Para que servem os cílios?

– Para nada!

– Sim, para piscar.

– Eu sei, os cílios são uma barreira para que não entre nada no olho.

Continua

Continuação

– Para que serve esta pelezinha que tapa o olho?

– Para proteger os olhos e poder dormir, porque, se não tivéssemos, teríamos os olhos abertos, e pensariam que nunca dormimos.

– Para que servem as sobrancelhas?

– Como se chama a bolinha colorida?

– Por que temos o olho tão mole?

– É que, se os olhos fossem mais duros, pesariam muito, e poderiam cair "de cara" no chão.

– Por que temos uma parte branca?

– Porque, se fosse cinza, ficaríamos muito feios.

– E se fosse lilás? Ou prata, ou preta, ou vermelha, ou ouro...?

– Pois ficaríamos horríveis, porque seríamos como bonecos ou como coelhos.

– O que são as remelas?

– O que eu sei é que são verdes.

– Não, amarelas.

– Não, pretas.

–Vou tirar esta que tenho, e vemos a cor: é amarela e verde.

– Por que alguns olhos têm vista fraca, como os do meu avô?

– Para que servem os colírios?

– Se você enfia os dedos nos olhos, por que sai água?

Quando o papai de Marta veio, ensinou-nos as partes do olho, esclareceu-nos muitas das dúvidas que tínhamos, fez-nos olhar por uns óculos com grau, trouxe-nos lentes coloridas e, de presente, um livro sobre o corpo humano, além de nos explicar muitas coisas. Algumas são estas:

- A luz entra pela pupila, mas é o cérebro que vê.
- O olho cresce, ainda que não pareça.
- Atrás do olho, há algo como um plugue, que é o nervo óptico. E se conecta com o plugue do outro olho, e, então, com o cérebro.

- Dentro do olho, há um líquido como o sabonete de banho, e é para proteger.
- A bolinha preta não é uma bolinha, é um buraco por onde entra a luz.
- Os cílios e as pálpebras protegem os olhos.
- As lágrimas são muito importantes para que o olho não se resseque. E as pálpebras as distribuem.
- O sol tem raios UVA, que secam e queimam, e é preciso se proteger dele com óculos de sol.
- Aqui, há muitos olhos castanhos, que são mais fortes que os olhos claros para se proteger do sol.
- As remelas servem para que o olho jogue fora as doenças e a sujeira.
- As lágrimas estão em um depósito, que é como um amendoim, e se chama glândula lacrimal.
- As lágrimas são salgadas e saem se você está triste, emocionado, cansado, contente...
- Se você não enxerga bem, pode usar óculos ou lentes.

À tarde, vi várias crianças procurando no livro do pai de Marta "as coisas repetidas do corpo". Pensei que esse poderia ser um bom fio condutor para um projeto de trabalho sobre conhecimento do corpo humano, então, comentei isso com as crianças, que não estranharam de modo nenhum, porque a verdade é que... já estavam nele.

Os objetivos

Os objetivos principais foram: observar e valorizar o corpo, aprender suas principais características, respeitar as diferenças entre as pessoas (aproveitando o conflito inicial que deu origem a este trabalho) e nos aproximar da construção e da utilização dos números, contando as diversas partes do corpo.

Em linguagem curricular, esses objetivos viriam a ser os elencados a seguir:

Área 1 – O conhecimento de si mesmo e a autonomia pessoal

- Conhecer o próprio corpo e suas possibilidades.
- Adquirir, progressivamente, autoconfiança e uma autoimagem ajustada e positiva, identificando as características e as qualidades pessoais.
- Respeitar as características e as qualidades das outras pessoas, aceitando e valorizando qualquer traço diferenciador.
- Conhecer, manifestar e explicitar os próprios sentimentos, emoções e necessidades, além de respeitar os dos demais.

Área 2 – O meio físico, natural, social e cultural

- Estabelecer relações com os pares que respondam a sentimentos afetivos. Ser capazes de respeitar a diversidade e de desenvolver atitudes de auxílio e de colaboração.
- Iniciar-se nas habilidades numéricas básicas; ter a noção de quantidade e a de ordem dos objetos.

Área 3 – As linguagens: comunicação e representação

- Descobrir, por meio das diferentes linguagens, o próprio corpo e suas possibilidades de expressão e de comunicação.
- Aplicar técnicas para que se desenvolvam a imaginação e a criatividade.
- Utilizar distintas formas de representação e recursos de expressão artística, para expressar e comunicar situações, ações, desejos e sentimentos conhecidos, vividos ou imaginados.

Os conteúdos

Ao longo do projeto aqui relatado, os conteúdos trabalhados foram: os olhos, os rins, os buracos do nariz, as plantas dos pés e "as tetas". Dois por alusão, e os outros três por uma coleção de livros que chegaram às minhas mãos no transcorrer do projeto, apesar de que é possível que fossem outros, dependendo dos interesses de cada grupo.

Os conteúdos principais que eu queria trabalhar dentro do eixo afetivo e relacional eram: a valorização de nosso corpo e suas características, a aceitação respeitosa das diferenças e a regra de não atacar os demais (pelo que tinha acontecido no incidente do rim de Jesús, que foi o motivo que desencadeou este trabalho).

Quanto aos conteúdos do eixo da aprendizagem, pretendia que se tangessem os que mais curiosidade despertaram nas crianças, já que falar das partes repetidas do corpo era uma tarefa excessiva para esse nível escolar, e, se fosse eu que as escolhesse, poderia passar pelo fato de as crianças perderem o interesse. Também queria influenciar em alguns conteúdos de linguagem matemática, já que o tema tinha surgido com uma clara inclinação ao número dos órgãos, mais do que às suas características. Interessava-me que se contassem os elementos repetidos (ou não) do corpo, que se fizessem gráficos para reunir e ordenar o que se contava e que os números aparecessem em todas as tarefas possíveis.

Em outros tempos, quando surgia um projeto em minha turma, eu tentava abranger muitos conteúdos, como se fosse preciso fazer uma tese do tema em que estaríamos engajados em cada momento, fossem as panteras, os bolos ou os castelos. Pouco a pouco, fui vendo que não é preciso esse exaustivo entusiasmo tão catedrático. Se as crianças seguirem seu próprio sentido das coisas, conseguem os objetivos previstos no currículo sem que seja necessário forçar nada, conseguindo um grande envolvimento e uma aprendizagem que vem a ser verdadeiramente significativa para elas.

Nesse caso, a maneira de abordar os conteúdos foi a habitual: meninos e meninas contribuem com livros, figuras montáveis do corpo humano, bonecos, vídeos e cartazes. Eu contribuí com os três livros de Gen'ichirō Yagyū,[4] alguns livros de arte, vários contos e poemas, além de tarefas de organização. Fez-se uma observação direta das partes "repetidas" (ou não) do corpo, dialogou-se, realizam-se dramatizações, leu-se, fizeram-se consultas ao dicionário, receberam-se duas visitas de pais, fez-se uma enquete. O tema ocupou as sessões de psicomotricidade e de brincadeira, fizeram-se oficinas variadas, fotografaram-se os amigos, realizaram-se autorretratos e desenhos copiando outros colegas e, claro, contabilizou-se todas as partes do corpo. Concluiu-se (porque o segundo trimestre acabou) com uma discussão, um resumo de livro e uma exposição das fotos e pinturas realizadas, conseguindo um ambiente muito alegre e ativo.

De tempos em tempos, voltava a reluzir o incidente entre Pedro e Jesús, e íamos conversando. Sem as pressões nem a indignação dos primeiros momentos, Pedro pôde dizer que, às vezes, ficava nervoso porque seu irmão lhe tirava "*todos os lugares*" e que não diria mais a Jesús essas coisas. Jesús também foi se acalmando e voltou a sentir como algo merecido o fato de viver com apenas um rim e ter tido a grande sorte de que o corpo tivesse coisas repetidas.

As atividades

Em outros momentos, já discorri tanto sobre o ambiente quanto sobre a dinâmica que se costuma gerar em minha turma quando fazemos

[4] N. do E.: autor japonês de uma série de livros infantis que ensinam partes do corpo.

um projeto de trabalho. Por isso, a partir de agora, em vez de explicar com detalhes como se discutiu o projeto em sala, passarei a enumerar atividades que podem ser realizadas em um projeto com essas características. Acredito que, assim, ficarei menos presa, e este texto pode ser mais útil para mostrar caminhos variados a respeito de um modo prazeroso de nos aproximarmos do tema.

Sobre as atividades, direi que, para mim, a prioridade deve ser dada às propostas feitas pelas crianças, as quais podem ser abordadas em pequeno grupo, em grupo completo, individualmente, em duplas ou em trios, conforme necessário. Nos momentos de estar em grande grupo fazemos as leituras, os diálogos, as dramatizações, as sessões de jogos, de brincadeiras e de psicomotricidade, além disso, anotamos as dúvidas, as ideias... O trabalho continua em sessões de expressão plástica, gráfica ou musical e em oficinas, nas quais as propostas se diversificam, trabalhando-as em grupos menores. No caso que se conta, algumas dessas atividades se realizaram e outras não, por falta de tempo. Houve aquelas propostas diretamente pelo alunado; algumas, por suas famílias; outras, ainda, vieram por meio dos livros que utilizamos, e também se relacionam as que foram propostas por mim.

Algumas atividades podem ser:

- Observar, uns aos outros, as partes repetidas do corpo. Este exercício pode ser feito individualmente, em duplas, com espelhos, com lupa, e, também, com lanternas.
- Olhar com o caleidoscópio (os colegas ou a si próprio): um olho, um dedo, uma mão, uma orelha etc. para ver como tudo está multiplicado e repetidíssimo.
- Comparar-se com os animais, para ver quais partes do corpo repetidas eles têm, e se se parecem ou não com as nossas. Utilizar animais de borracha ou cartazes.

- Observar cartazes nos quais se representem pessoas e ver como alguns artistas (El Greco,[5] Botticelli,[6] Velázquez, Picasso, Klimt etc.) as reproduzem em suas obras.
- Pintar ou desenhar autorretratos, fazer cópias ao natural de colegas ou da professora, modelar uma pessoa em massinha, recriar obras de Picasso, ou se inspirar nelas para pintar pessoas cujos corpos não correspondam à realidade, mas à imaginação.
- Dividir espelhos e fazer caras alegres, tristes, de tédio etc. Experimentar se desenhar com uma dessas expressões.
- Tapar com tecidos as partes do corpo que o professor for dizendo.
- Fazer fotografias uns dos outros, com foco nas partes repetidas do corpo.
- Fazer fotos (da professora ou de algum pai voluntário) dos olhos de todos, de uma orelha de cada um... O resultado será muito sugestivo para ser feita uma exposição, para brincar de adivinhar de o que é cada coisa ou para realizar composições plásticas.
- Em duplas, fazer simetrias com o corpo. Situar um eixo em uma coluna ou amarrar uma corda no teto. Cada membro da dupla deve se colocar de um lado do eixo: um se posiciona como quer, e o outro terá de procurar se posicionar simétrico à sua dupla. Depois, o que inventa é o outro membro da dupla. Também se pode fazer utilizando objetos: aros, paus, cubos etc.
- Fazer um exercício de relaxamento no pátio. Primeiro, terá corridas, saltos e diversos movimentos. Depois, cada criança pegará um pano, estenderá no chão e, em silêncio, seguirá as indicações que o professor der: "*Vamos fechar os olhos e nos concentrar em sentir o*

[5] N. do E.: alcunha de Doménikos Theotokópoulos, pintor renascentista grego estabelecido na Espanha, onde fez muitas de suas obras mais conhecidas.

[6] N. do E.: Sandro Botticelli (ou Alessandro di Mariano di Vanni Filipepi) foi um pintor italiano nascido em Florença. Expoente do Renascimento, *O nascimento de Vênus* é uma de suas obras mais conhecidas.

corpo. Respiremos suavemente, escutemos, notemos o ar na pele, e começarão a dormir os braços, as mãos, os dedos..., como se estivéssemos na areia tomando sol...".

- Jogar o jogo do chiclete. Joga-se em duplas. O professor diz: "*O chiclete se grudou no cotovelo*", e cada dupla terá de se mover com os cotovelos unidos; "*O chiclete se grudou na orelha*", e terão de mover com as orelhas juntas...
- Fazer um grande círculo desenhado no chão ou distribuir vários aros na sala. O professor nomeia partes do corpo repetidas ou não, e as crianças terão de colocar no círculo ou nos aros, caso diga que se repete, e deixar fora, se não estiver.
- Fazer uma figura humana como alvo, dando um ponto se a peça que se lança cair em alguma parte do corpo "que se repita". Colocar um marcador na lousa e contar os pontos obtidos pelos jogadores.
- Jogar o "jogo dos perigos". O professor nomeia as situações normais e, também, as perigosas ou não convenientes, e as crianças devem tapar ou acariciar a parte do corpo nomeada. Por exemplo: se for dito "*colocar pedras no nariz*", terá que se tapar o nariz; se for falado "*lavar as mãos*", será preciso acariciá-las.
- Fazer caminhos que se percorrerão em um pé só, com os dois pés, em quatro apoios, nas pontas dos pés, com os calcanhares, saltando com os pés juntos... Posteriormente, desenhar os traçados dos percursos feitos.
- Dançar no ritmo de músicas de diferentes ritmos e outras danças populares que têm bastantes repetições e simetrias.
- Desenhar no chão da sala ou no pátio uma amarelinha[7] para brincar.
- Estabelecer diálogos nos quais se comentam e se contabilizam as diferentes partes do corpo. Em um gráfico de quatro colunas, anotar o que foi falado, sob as seguintes epígrafes:

[7] N. do E.: no original, "*tranco*". Dependendo da região da Espanha, a brincadeira também pode se chamar "*rayuela*" e/ou "*sambori*".

- As partes do corpo que não se repetem.
- As partes que temos duplicadas.
- As partes que se repetem algumas vezes.
- As partes que se repetem muitas vezes.

- Trabalhar os conceitos de "duplo" e de "metade". A metade pode ser trabalhada dividindo frutas ou papéis; fazendo quebra-cabeças de figuras de pessoas recortadas das revistas pela metade; dobrando um papel e recortando-o, para que se veja destacada a metade; desenhando-se uma linha na metade do rosto, tomando o nariz como eixo etc. O duplo pode ser trabalhado ao se fazer dois conjuntos de objetos com a mesma quantidade de elementos, ao se colocar, em um recipiente, um corpo d'água, e, a seguir, mais um, pois deve ter duas vezes aquela mesma coisa, ou seja, repetir a quantidade. Pode ser feito com pedras, madeiras, brinquedos, bonecos etc.
- Trabalhar o conceito de "par". Com essa finalidade, é possível montar um canto de jogos como se fosse uma sapataria, na qual se disporiam meias e sapatos, que seriam organizados por pares, e as crianças teriam que se lembrar do nome, dos preços dos objetos e das regras do jogo. Serviria tanto para brincar de comprar e vender quanto para trabalhar de um modo muito natural sobre o que é par, além das quantidades, das normas etc.
- Fazer oficinas: de pintar e colocar unhas; de se fabricar brincos, pulseiras ou colares com massinha; de fazer máscaras com cartolina; de ver livros sobre o corpo; de recortar das revistas partes do corpo que estejam repetidas; de fazer bonecos articulados com cartolina e percevejos, que serão colocados em algumas das partes que se repetem do corpo: braços, cotovelos, pernas, joelhos, quadris, orelhas, mãos, pés.

- Brincar de ser médico, fantasiar-se, copiar as figuras que um colega faz, como "o mestre mandou", ser baixinho ou gigante, mover-se ao compasso de uma música e "ficar estátua" quando parar etc.
- Brincar de deixar grandes ou pequenas as palavras que nomeiam as partes repetidas do corpo: mãos (mãozinhas, mãozonas, mãozudas, mãozorra), orelhas (orelhinhas, orelhonas, orelhudas, orelhudinhas) etc.
- Brincar de disparates. O professor diz frases, e as crianças devem falar se é verdadeiro ou falso. Exemplos: "*Vocês têm três pernas*", "*Vocês têm um pelo só*" etc.
- Fazer cenas teatrais com um roteiro simples, mas que tenha início, meio e fim. Serão realizadas em grupos pequenos, e o resto das crianças deve fazer o papel de espectadores. Alguns exemplos:
  - Picasso aprendeu com seu pai a desenhar copiando da realidade pombas, flores etc. Porém, quando ficou mais velho, quis se divertir pintando pessoas com os olhos, a boca e o nariz "deslocados". Gostava muito disso, e os que viam suas obras lhes pareciam muito estranhas, mas geniais.
  - Era uma criança que nunca queria limpar os ouvidos. Um dia, levantou-se e não ouvia nada: estava com um tampão de cera. Pôs-se a chorar, levaram-na ao médico, que o retirou. Desde então, limpava sempre suas orelhas.
  - Um grupo de amigos vai à uma festa muito divertida. Organiza-se uma dança movendo apenas as partes do corpo repetidas, as outras, não. Depois, fazem a dança da laranja, em duplas, em que se deve segurar a fruta com as orelhas. E, ao final, fazem corridas atando uma das pernas de cada um das duplas.
  - Uma menina sempre estava retirando os sapatos, ficava mais confortável descalça. No entanto, um dia, perdeu-os quando estava brincando de esconde-esconde na rua. Teve que voltar para casa sem sapatos e queimou-se com um cigarro que estava aceso.

Então, entendeu que os sapatos protegiam os pés, e ficava descalça apenas na praia ou em sua casa.

- Um menino tinha febre muitas vezes e dificuldades para fazer xixi. O médico disse a ele que precisava operá-lo e tirar-lhe um rim, mas que não se preocupasse, porque, no corpo, há dois rins. No dia da operação, a enfermeira lhe deu um "balão" e, ao soprá-lo, dormiu. Quando acordou, já estava operado. Recuperou-se muito rápido e já não ficava mais doente. Estava muito forte e era o mais alto de sua turma.
- Na turma dos Elefantes da escola Aire Libre, prepararam uma caixa com óculos de sol usados. Tinha um espelho e um cartaz que dizia: "HAHAHA", e, nos momentos lúdicos, as crianças se divertiam experimentando os óculos e rindo ao ver como ficavam.

- Contar contos que tenham relação com o tema. Por exemplo: *O gigante do olho na frente* (Herreros, 2008, p. 45), *O pescador e a sereia* (Herreros, 2008, p. 145), *A menina sem braços* (Rodríguez Almodóvar, 1986, p. 189), *A flor do lililá*[8] (Rodríguez Almodóvar, 1986, p. 173), *Gretel, a esperta* (Carter, 1992).[9]
- Escrever uns aos outros "brincadeiras metafóricas" em pequenos papéis. Exemplos: "2 ASAS PARA VOAR", "1 CÉREBRO INTELIGENTE", "ORELHA DE GATO", "MÃO DE CARINHO", "CARA DE PRINCESA", "PELE DE FLORZINHA"...
- Procurar no dicionário a palavra *rim*.
- Preparar perguntas para os pais de Jesús (ou qualquer especialista que consiga encontrar), que virão de visita para nos falar da importância dos rins.
- Ler, nos livros que estamos utilizando, o que se explica sobre os rins.

---

[8] N. do E.: no conto, trata-se de uma flor mitológica, que nasce quando o filho mais novo do rei, que da planta precisava, ajuda uma idosa, coisa que os outros filhos se recusaram a fazer. Provável referência às liliáceas.

[9] N. da T.: tradução livre dos títulos originais *El gigante del ojo en la frente*, *El pescador y la Sirena*, *La niña sin brazos*, *La flor del lililá*, *Gretel la lista*.

- Aprender a situar onde estão os rins em nosso corpo.
- Colocar no lugar correto os rins de uma figura desmontável do corpo humano.
- Observar e comparar alguns rins de cordeiro e outros de frango que compraremos do açougue (cortar, cheirar, desenhar etc.).
- Modelar em massinha alguns rins e colocar: "2 RINS".
- Desenhar-se fazendo xixi e escrever "XIXI".
- Verificar em casa e na cozinha da escola como poderiam cozinhar os rins e escrever a receita, ou cozinhá-la, se possível.
- Escutar a recitação de poemas e aprender alguns deles. Clássicos e atuais. Aqui vão alguns:

Me trajo Maru Mori
un par
de calcetines,
que tejió con sus manos
de pastora,
dos calcetines suaves
como liebres.

Me trouxe Maru Mori
um par
de meias
que tricotou com suas mãos
de pastora,
duas meias suaves
como lebres.

(Pablo Neruda)

MAMÁ, A LA NEGRITA
se le sale lo pie de la cunita
y va a cogé un resfriao,
se va a poner mu malita.

MAMÃE, DA NEGRINHA
sai o pé do bercinho
vai pegar um resfriado
e vai ficar muito malzinha.

(Cancioneiro folclórico infantil)[10]

[10] N. do E.: canção de ninar popular, de autoria desconhecida. Esta versão foi retirada do livro *Una, dola, tela, catola: el libro del folklore infantil*, de Carmén Bravo-Villasante (Valladolid: Miñon, 1976). Canção de ninar semelhante, intitulada *Drume Negrita*, provavelmente originária da América Central, foi musicada por Atahualpa Yupanqui (pseudônimo de Héctor Roberto Chavero) e ficou muito conhecida nas vozes de Bola de Nieve (pseudônimo de Ignacio Jacinto Villa Fernández) e de Mercedes Sosa.

!Adelante, *que baile el elefante* *en las dos patas de alante!*	Adiante, que dance o elefante nas duas patas da frente!
No puedo, señor domador, *en las patas de atrás es mejor.*	Não posso, senhor domador, nas patas de trás é melhor.
¿Quién se lo dijo, señor?	Quem o disse, senhor?
Me lo dijo Elena, *cuando se fue a la verbena.*	Me disse Elena, quando foi à arena.
Me lo dijo Pancha, *cuando se fue de cumbancha.*	Me disse Pancha, quando foi de festança.
Me lo dijo Don Pedro Borbón, *comiendo melon.*	Me disse Dom Pedro Borbón, comendo melão.
Que baile un danzón *Don Pedro Borbón.* *Que baile una samba* *Don Pedro Caramba.* *Que baile una rumba* *Don Pedro Turumba!*	Que dance um *danzón*![11] Dom Pedro Borbón. Que dance um samba! Dom Pedro Caramba. Que dance uma rumba! Don Pedro Turumba!
¿No lo ves? *Lo verás.*	Não vês? Tu verás.
!A las dos, a las dos, a las tres, *a las tres, a las tres y no más!*	Às duas, às duas, às três, às três, às três e nada mais!

(Nicolás Guillén)

[11] N. da T.: gênero musical de Cuba.

Arbolé, arbolé,	Árvore, árvore
seco y verdé.[12]	seca e verde.
La nina del bello rostro	A menina do belo rosto
esta cogiendo aceitunas.	está colhendo azeitona.
El viento, galán de torres,	O vento, galante de torres,
la prende por la cintura.	a prende pela cintura.
Pasaron cuatro jinetes,	Passaram quatro cavaleiros,
sobre jacas andaluzas	sobre cavalos andaluzes
con trajes de azul y verde,	com trajes de azul e verde,
y largas capas oscuras.	e longas capas escuras.
"¡Vente a Córdoba, muchacha!"	"Vem à Córdoba, garota!"
La niña no los escucha.	A menina não os escuta.

(Federico García Lorca)

El esqueleto toca la viola	O esqueleto toca a viola
porque tenía sangre española.	porque tinha veia espanhola.
El esqueleto baila claqué	O esqueleto dança sapateado
porque le gusta mucho el café.	porque gosta muito de café coado.
El esqueleto toca el trombón	O esqueleto toca o trombone
porque era amante del salchichón.	porque era amante do bom salame.
El esqueleto baila el bolero	O esqueleto dança o bolero
porque es un tipo muy sandunguero.	porque é um tipo muito festeiro.
El esqueleto toca el piano	O esqueleto toca o piano
porque tenía un perro marciano.	porque tinha um cão marciano.
El esqueleto baila la rumba	O esqueleto dança a rumba
con caderitas de catacumba.	com quadris de catacumba.
Cha cha cha	Cha cha cha
che che che	che che che
¡esqueleto, eh!	Esqueleto, ei!

(Mari Carmen Díez Navarro)

[12] N. do E.: o autor utiliza acentuação diversa para as palavras "*árbol*" [árvore] e "*verde*".

A avaliação

Avaliar é valorar, dar valor a algo, atribuir os méritos que tem ou destacar os que faltam. Quando falamos de valor no âmbito da escola, é providencial colocar essa valorização no lugar que lhe corresponde: o do trabalho e da esperança. Toda criança tem seu valor, suas potencialidades de aprender, suas capacidades para se desenvolver, sua autoestima para alimentar e sua segurança para reafirmar. Dessa maneira, na hora de avaliar como uma criança viveu e assimilou um projeto de trabalho, presto mais atenção aos muitos aspectos que rodeiam o fato educativo do que se memorizou ou não os conteúdos com os quais se estava trabalhando, se administrou as fontes melhor ou pior ou se ela se envolveu mais ou menos.

Para isso, utilizo diversos recursos: a observação individual e em grupo, a análise do desenvolvimento do trabalho diário com o colega de nível, o monitoramento em equipe dos casos problemáticos, o registro e a valorização das produções de meninos e meninas, e as minhas próprias reflexões, que reúno no *diário de classe*.

Da criança, o que observo é o seu modo de brincar, de falar, de se mover, de se defender, de aprender; seu nível de participação; sua integração no grupo; seu envolvimento na tarefa; sua atitude geral diante da escola e da aprendizagem; seu nível de tolerância da frustração e suas reações pessoais. É importante levar em conta, além disso, sua relação com as normas; sua capacidade de trabalho, de esforço, de autonomia; o modo de se confrontar com o novo, os conflitos ou as dificuldades. Também se deve considerar a relação da criança com sua família, o vínculo que mantém comigo, com as demais crianças e com o resto dos adultos da escola.

Em suma, presto atenção em aspectos da criança referentes à sua própria identidade, em aspectos da criança como membro do grupo, em meu papel e em minha forma de intervir como professora, e no alcance da instituição escolar. Tudo isso, mais minha intuição, minha formação e meus pensamentos dedicados a cada um de meus alunos, gera uma mistura potente e bastante efetiva que me leva a poder saber como está cada criança, como eu estou em relação à ela e como acompanhá-la em seu percurso de progresso.

Quando chega o momento de um projeto terminar, fazemos várias discussões e repassamos o que foi aprendido com perguntas e comentários. Dessa forma simples e comum, vê-se o que cada um sabe, no que prestou atenção ou quais aspectos do tema vieram à tona. No entanto, acredito que não será preciso avaliar a criança projeto a projeto. As mudanças se dão mais em longo prazo, e os assuntos de índole afetiva e de relacionamento não são tão explícitos para fazer o balanço de cada momento. Acredito ser muito arriscado avaliar uma criança apenas em aspectos quantitativos, de tal forma que o que sugiro é olhá-la, escutá-la, ver ao que se dedica e quais são suas dificuldades, para descobrir uma maneira de se aproximar dela que seja útil em sua evolução.

Outra forma é avaliar o projeto em seu conjunto, questão que seguramente convém abordar para ver os acertos e os erros, para analisar a própria atuação e, enfim, para melhorar nossa prática. Tentarei fazer, a seguir, uma breve avaliação deste projeto.

No começo, comentava os aspectos que queria que trabalhássemos, tanto no eixo afetivo e de relacionamento quanto no de aprendizagem. Acredito que podemos nos aproximar de um bom cumprimento dos objetivos formulados. Escutamos o conteúdo com o qual nos contribuíram as duas famílias que colaboraram como especialistas no projeto dos olhos e dos rins. Falamos sobre o quão diferentes somos e o respeito que temos de ter em relação às demais pessoas. Verbalizamos a dor que nos acomete quando alguém caçoa de nós e chegamos a alguns consentimentos a respeito, que se incorporaram ao nosso dia a dia.

Além disso, aprendemos e compreendemos muitas coisas sobre o corpo e seu funcionamento; comparamos com o dos adultos e com o dos animais; vimos como o sentiam os artistas, e nos apropriamos de suas formas e características ao observá-lo, copiá-lo, fotografá-lo, estampá-lo, movê-lo e desfrutá-lo.

Aproveitamos a oportunidade para focalizar matematicamente a aprendizagem das partes do corpo. Desse modo, recordamos os conceitos de "muitos", "poucos", "um", "nenhum", "alguns", "mais", "menos" ou "igual". Fizemos duplos e metades, classificamos, fizemos pares e contamos. Também representamos simbolicamente essas tarefas, refletindo-as em gráficos, colocando os valores correspondentes, ordenando-as, desenhando-as e nomeando-as.

Custou-nos ajustar o tempo do qual dispúnhamos, porque o projeto durou um mês, mas poderia ter durado mais: as férias nos fizeram terminar o trabalho, deixando algumas propostas pendentes. Também foi custoso suspender a penalidade que as crianças impuseram a Pedro, porque estavam muito preocupadas com seu colega Jesús, que se mostrava bastante afetado. Aqui, fiz o que estava ao meu alcance, ainda com dúvidas, por minhas próprias projeções, já que o que brotava em mim era apoiar o atacado, e não pensar na dificuldade da outra criança que o tinha feito sofrer. E, nesses casos, as duas coisas são necessárias.

Também vimos um vídeo sobre a Antártida e as fotografias de uma montagem na qual apareciam membros da tribo de Omo, da Etiópia, totalmente pintados e decorados com frutas, flores, ramos e folhas, ao melhor estilo natural. Essas últimas imagens tivemos que olhar três ou quatro vezes para decifrar e comentar o que estávamos vendo. Em um primeiro momento, tivemos que falar da beleza daquela tribo dentro do tópico da beleza em geral. Falamos das diferentes etnias e de suas diferentes características. Citamos a irmã adotiva de uma das meninas, que era de outra etnia. Comentei que cada um é como é, e que devemos cuidar de todas as pessoas e respeitá-las, ainda que nos estranhe, no começo, seu aspecto, se for muito diferente do nosso.

Então, Marisa se lembrou do conto daquela semana: *El pequeño plátano* [*A pequena banana*, em tradução livre]. Nele, há um comentário do pai do protagonista, que diz que o mais importante é que as pessoas sejam boas, e que o aspecto físico não é o principal. Agradeci-lhe por lembrar desse importante comentário. Nesse contexto, algumas crianças se atreveram a dizer que tinham se admirado um pouco com algumas das imagens vistas. Eu lhes contei que, de pequena, admirei-me bastante no dia em que vi um homem negro pela primeira vez, e que isso era entendível, mas que durava um segundo, porque era igualzinho aos brancos ou aos morenos etc., mas de outra cor, e a surpresa passava.[13]

Propus-lhes olhar mais uma vez as imagens e pensar o que encontravam de parecido. Jesús disse que, para ele, parecia que queriam se fantasiar de animais. Para Eva, tinham se camuflado. E começamos a adivinhar em voz alta: "*está de leão*", "*está de flor*", "*está de zebra*", "*está camuflado*", "*está de touro*", "*está de leopardo*" etc. Depois, apareceu a questão se eram meninos ou meninas... e voltamos a ver para descobrir. Até tive que parar a imagem mais de uma vez. No final, pedi-lhes que escolhessem qual "gostariam de ser", e começaram a "pedir" as pessoas de que mais tinham gostado, por seu sexo, por seus adornos, pelo animal que representavam ou por qualquer outro motivo:

– Eu quero ser essa menina, que está toda pintada de margaridas cor de laranja – disse Paula.

– Mas é um menino...

– Bom, tanto faz, gosto de como está bonito.

– Eu quero ser o homem-pau, assim, me camuflaria, e minha mãe não me veria – disse Iker.

– Quero o que tem uns chifres de touro – agregou David.

– Eu serei o leopardo.

[13] N. do E.: recorda-se que se trata do contexto espanhol.

Ao longo da realização do projeto, foram acontecendo muitas outras coisas. Iris nos apresentou seu bebê, Pau nos falou dos astronautas, fizemos uma excursão à ludoteca de Ibi,[14] conversamos sobre a paz e a guerra, dançamos uma canção caribenha e fizemos várias outras coisas. Jogos, brincadeiras, vivências, conflitos, emoções, aprendizagens. A rede habitual, a mistura de sempre, a própria vida.

Ainda, direi que o que conseguimos me alegra e celebro isso. Mas, para mim, o mais interessante foi me atrever a intervir, seja para o bem, seja para o mal, encarando a zombaria que Pedro fez a Jesús, que acabou sendo tão pesada e dolorosa para ambos. Poderia ter ficado uma rixa; poderia ter ignorado o ocorrido, por ser desagradável; poderia ter me excedido em minha intervenção, porque reconheço que, em um primeiro momento, indignou-me que uma criança agisse assim contra outra.

No entanto, ao pôr em prática este projeto de trabalho da premissa do acontecimento afetivo, tivemos tempo para elaborar no seio do grupo e para tratar de entender tanto os sentimentos de rivalidade que comoveram o que atacava quanto os de insegurança que se reviveram no que foi atacado. E os dois puderam se recompor. O resto do grupo e eu os acompanhamos em seus processos, acabando em um clima tranquilo o que tinha começado como um conflito que desequilibrara o grupo.

No final, dessa tarefa sobre "o que tem repetido no corpo", valorizo em especial, algumas coisas: o novo enfoque contabilizador do corpo; os divertidos livros de Gen'ichirō Yagyū, que contribuíram com frescor aos questionamentos e à aprendizagem; a participação das famílias; e, claro, todo o trabalho, a brincadeira e o reajuste de grupo que trouxe consigo um projeto tão bem vivido por todos os envolvidos.

Por isso, sempre digo que gosto de trabalhar em projetos: porque, por sorte, costumam ser algo além do pedagógico...

[14] N. do E.: município da província de Alicante, Espanha.

8 Com mãos de mulher

Fonte: Ruth Albarracín (Bogotá, Colômbia).

A verdade é que a beleza dessa composição natural, acompanhada pelo sorriso e pelas mãos estendidas dessa linda menina, falam por si. O gesto de oferta, a segurança ao mostrar seu trabalho, a atitude esperançosa, o sorriso. Emociono-me ao ver essa foto. Inclusive, tento me colocar à altura do seu olhar confiante e feliz com o louco desejo de que me olhe para poder dizer-lhe, com todas as letras, o quão bonito ficou seu tapete, o quão luminoso e o quão alegre. E, embora saiba que, na verdade, não está me olhando, sinto que digo isso a ela e, por sinal, agradeço-lhe pela alegria que me passou com sua primavera e suas folhinhas lindas.

Nesta narrativa, reúne-se o projeto coletivo de arte que é o número treze de nosso repertório: *Com mãos de mulher.* A ideia continua sendo aproximar meninos e meninas da beleza, da criação, das formas e das cores que os artistas escolhem para levar os seus sentimentos a passear.

Escolhemos, desta vez, obras de artistas mulheres. Por um lado, para desfrutar de seu magnífico trabalho e fazer uma homenagem ao seu complexo percurso para abrir caminho ao mundo cultural. Por outro, para fazer as crianças conhecerem que nem sempre houve igualdade e consideração, como agora. Antes, as artistas não tinham acesso à educação, à escolha de suas opções de vida particulares, à livre expressão, nem a uma saída digna e fluida em relação ao âmbito artístico. Um caminho a mais em relação a esse "ser pessoas" que propomos às crianças.

Como em projetos artísticos anteriores, aproveitamos e aprendemos, tanto as crianças quanto as professoras. Nesse janeiro longo e lúcido, pudemos comprovar como a arte com mãos de mulher nos gerou um prazer simples, genuíno e cheio de vida.

***

El oficio del arte	O ofício da arte
es desnudar bellezas	é despir belezas
es sentir brotes limpios	é sentir brotos limpos
es ahogar imposibles.	é afogar impossíveis.
El oficio del arte	O ofício da arte
es vestir los deseos	é vestir os desejos
es pasear los sueños	e passear os sonhos
es desbrozar caminos.	é desobstruir caminhos.
El oficio del arte	O ofício da arte
es abrigar angustias	é abrigar angústias
es deshacer enojos	é desfazer fúrias
es curar desventuras.	é curar desventuras.
El oficio del arte	O ofício da arte
es destapar secretos	é destapar segredos
es exclamar colores	é exclamar cores
es inventar lo hermoso.	é inventar o bonito.
El oficio del arte	O ofício da arte
es hablar de uno mismo	é falar de si mesmo
es sentir otras pieles	é sentir outras peles
es brindarse a la vida.	é brindar à vida.

(Mari Carmen Díez Navarro)

A desordem inicial

Não sei se a palavra *desordem* reúne tudo o que quero dizer dos primeiros momentos de um projeto, porque ocorre uma espécie de acumulação de ideias, de desejos, de imagens e de possibilidades que preenche o ambiente *interno* do grupo de professoras. Sua aparência é desordenada; seu rigor, escasso; suas certezas, mínimas. Contudo, há hipóteses, testes e dúvidas, misturados com a vontade de que as coisas saiam bem; de acertar na seleção de artistas, de obras e de técnicas e de conseguir um tom de transmissão às crianças que se assemelhe mais a um contágio do que a uma aula magistral.

Neste projeto particular e de grupo, muitos fatores interferem: que o tema do projeto seja mais ou menos de nosso gosto; que nossos tempos de convivência sejam tranquilos; que tenhamos à mão meios, fontes e recursos; que consigamos uma conexão emotiva com a tarefa que vamos empreender etc. Se a conjunção desses múltiplos fatores for suficientemente boa, é provável que possamos montar o quebra-cabeças, colocar um pouco de ordem no trabalho e nos dispor para aprender e desfrutar junto com nossos alunos e com nossas colegas de equipe.

Antes, começávamos procurando nos livros de Arte; agora, mergulhamos na internet. Vamos reunindo e excluindo propostas, pensando no que pode agradar meninos e meninas, em suas idades, no ritmo de cada grupo e/ou turma, nos nossos próprios gostos, nos materiais de que dispomos etc. E pensamos em como encaixar tudo isso com o tema escolhido, para conseguir sensibilizar nossos alunos e nossas alunas em relação ao fato artístico.

Nesse ano, quando começamos a procurar mulheres artistas, decidimos delimitar o campo das artes plásticas, para que não parecesse um tema excessivamente amplo. Depois, cada professora escolhia as artistas que lhe eram interessantes e que pareciam adequadas para seu alunado, e já começávamos a nos preparar.

Quando havia coincidências, tínhamos que conversar e entrar em acordo:

– Deixa eu ficar com a Yayoi Kusama.[1] As obras dela são chamativas e simples de reproduzir, e minhas crianças têm apenas 1 ano.

– Poderíamos fazer um trabalho de recriação da mesma obra em várias turmas, e, assim, poderíamos ver a evolução das crianças por idades.

– Vou trabalhar o volume fazendo umas figuras como as de uma obra de Luisa Biosca.[2]

– Encontrei uma artista que amo, mas não sei se devo trabalhá-la com as crianças. Como vamos fazer trabalhos inspirados nela se o que pinta são afrescos nas paredes das bibliotecas?

[1] N. do E.: artista plástica japonesa muito famosa por suas obras coloridas, a maioria feita com um sem-número de bolinhas. Utiliza recursos do minimalismo e do *pop art*.

[2] N. do E.: ceramista e restauradora espanhola.

Dúvidas, acordos e verificações de cada professora, em conversas nas reuniões de equipe, que levam a esboçar, conjuntamente, o projeto; a nos entusiasmarmos; a prepararmos espaços, materiais, horários; e a começarmos a nos adentrar no tema.

As conexões e as experiências pessoais influenciam muitíssimo na disposição com que se vive o projeto. Quando uma professora visita Barcelona e vê diretamente as obras de Gaudí,[3] ela tende a sentir a tarefa de maneira diferente de outras que não as conheceram de perto. Se Picasso, Miró, Klimt etc. forem trabalhados, e se for um dos artistas favoritos da professora, o entusiasmo é evidente e acaba transmitido às crianças. E se, por acaso, conhece-se alguma artista pessoalmente, pode-se, até mesmo, convidá-la a um encontro com os pequenos; isso fará suas obras serem recebidas de maneira especial, graças ao vínculo afetivo e de admiração que se cria em relação a ela.

Criar um ambiente

Conseguir um ambiente estético, agradável e não desordenado é importante, por isso, uma das primeiras coisas que lembramos nos projetos de arte é a distribuição dos espaços nos quais vamos expor as produções dos meninos e das meninas. Procuramos por suportes e painéis, e cuidamos das portas, da informação na entrada da escola, da inserção de algum detalhe original, de citações, de cartazes, de poemas...

Outra questão que tocamos ao princípio são os trabalhos coletivos que vamos fazer. Em geral, pensar em vários que ocuparão a sala de exposições: obras coletivas feitas pelas crianças do primeiro ciclo, pelas do segundo ciclo ou por todas as crianças da escola. Essas produções coletivas representam a nossa procura conjunta pela arte, pela beleza.

---

[3] N. do E.: Antoni Gaudí foi um arquiteto catalão cujas ousadas obras marcaram o cenário de Barcelona.

Neste projeto, *Com mãos de mulher*, houve um trabalho coletivo inspirado em uma obra de Lee Krasner,[4] no qual meninos e meninas das turmas de 3, 4 e 5 anos recriaram um mosaico de cores e formas distintas parecido com o que ela realizava. Também fizeram uma grande composição, muito bonita e vistosa, baseando-se em uma obra de Atsuko Tanaka.[5] Nela, cada um de nossos alunos colou círculos de cores de vários tamanhos, que os mais velhos se encarregaram de unir com linhas, ao modo da artista japonesa. O terceiro coletivo se fez tendo como ideia o quadro *Terk*, de Sonia Delaunay.[6] Com cartolinas de tamanho 15 × 15 cm cor creme, canetinha preta e adesivos vermelhos, reproduziram a obra em um painel enorme, que reunia as contribuições de nossos 100 alunos.

As crianças de 5 anos se encarregaram de fazer os dois títulos com o qual batizamos o projeto. Um deles, *Com mãos de mulher*, foi realizado ao estilo de Eva Lootz[7] em uma de suas obras. Para sua realização, utilizamos um tubo preto de borracha, do qual se penduravam lãs coloridas, nas quais se amarraram grandes folhas de ficus. Nelas, as crianças pintaram com guache branco as letras do título. O outro título que identificava a tarefa daquele janeiro era *Mulheres artistas*, e foi colocado cruzando o "r" das duas palavras, como nos crucigramas. As crianças praticaram na lousa como era isso de "cruzar palavras": primeiro com seus nomes e, em seguida, com outras palavras. Foi uma maneira a mais de brincar com as letras, que ficou para seu repertório leitor-escritor.

O "*hall* de entrada" tinha, também, um cavalete que sustentava o cartaz com a circular que anunciava o projeto, em um grande painel com citações de artistas e o poema a seguir escrito em algumas tampas de caixa, situadas na vertical, que conseguiram um resultado estético atrativo e sugestivo.

[4] N. do E.: importante pintora expressionista norte-americana do século XX.

[5] N. do E.: artista japonesa do movimento neodadaísta.

[6] N. do E.: nascida durante o Império Russo (onde, atualmente, fica a Ucrânia) e estabelecida na França, esta pintora foi um expoente do Orfismo e do *Avant-Garde*.

[7] N. do E.: artista plástica austríaca.

El oficio de la mano
es atrapar
acariciar la vida
y vestirla de fiesta.

El oficio de la mano
es sostener
acariciar a otros
y dormir entre pieles

El oficio de la mano
es aplaudir
acariciar el agua
y empaparse de luna.

El oficio de la mano
es dibujar
acariciar colores
y guardar alegrías.

El oficio de la mano
es amasar
acariciar sentires
coleccionar deseos.

El oficio de la mano
es dar a luz
acariciar palabras
y cobijar secretos.

O ofício da mão
é pegar
acariciar a vida
e vesti-la de festa.

O ofício da mão
é segurar
acariciar outros
e dormir entre peles.

O ofício da mão
é aplaudir
acariciar a água
e empapar-se de lua.

O ofício da mão
é desenhar
acariciar cores
e guardar alegrias.

O ofício da mão
é amassar
acariciar sentires
colecionar desejos.

O ofício da mão
é dar à luz
acariciar palavras
e abrigar segredos.

O que é melhor: ser menino ou ser menina?

Na turma dos Elefantes, iniciou-se a tarefa com uma conversa que tentava situar o tema, porque eu me preocupava que, ao expor uma valorização muito definida das mulheres artistas, os meninos não se envolvessem totalmente no projeto. Assim, perguntei às meninas: "*Vocês acreditam que os meninos desta sala podem pensar, falar, aprender, cozinhar, pintar e fazer amigos?*":

– Sim.

– E vocês, acreditam que as meninas podem fazer essas coisas?

– Claro – disseram eles.

– E o que vocês acreditam que é melhor: ser menina ou ser menino?

– As duas coisas são boas – disseram vários.

– Concordo. No entanto, vocês têm que saber que, antes, as meninas não podiam ir à escola, sair sozinhas, pintar quadros, inventar música, fazer teatro etc. Diziam para elas que ficassem em casa e se dedicassem a cozinhar, a limpar e a cuidar das crianças. Se alguma menina quisesse pintar um quadro, não a deixavam assiná-lo nem o expor. Às vezes, colocavam o nome de seu pai ou de um irmão, e, ainda, algumas se vestiam de menino, para poder ser artistas, estudar ou ter uma profissão.

– Então, minha mãe não poderia ser policial.

– Pois, se minha mãe não pudesse tirar fotos nem fazer desenhos, ela se chatearia muito.

–Vocês gostam de ser o que são: meninos ou meninas? Por quê?

– Sim, eu gosto de ser menina, porque me sinto muito bem sendo menina. E porque tenho minha irmã, meu esquilo e minha mãe, e todas somos meninas.

Continua

Continuação

– Eu gosto de ser menino, porque, assim, o Alberto pode ser meu amigo e posso jogar futebol com ele. E, além disso, eu posso dar cambalhotas com meu irmão Pablete. E posso fazer uma casa com palitos de médico com meu irmão Guille.

– Eu gosto de ser menino porque aqui tem mais meninos, e eu gosto de brincar com todos.

– Eu gosto de ser menina porque minha irmã é menina, e minha mãe me deixa ter o cabelo comprido, e minha avó, que é cabeleireira, faz penteados.

– Eu gosto de ser menina, porque gosto de me exibir.

– Eu gosto de ser menino, porque tenho um montão de amigos e posso brincar muito com eles.

– Aqui, os meninos vêm para nos perseguir no pátio e dizem: "*Meninos, vão atrás das meninas*".

– E bem que vocês gostam. Vocês correm e riem.

– Eu gosto de ser menino, porque faço corridas com meu irmão na bicicleta.

– As meninas também podem jogar futebol. Lembrem-se de que já falamos sobre isso, e alguns meninos disseram que iam ensiná-las.

– Mas elas nunca querem, dizem que estão jogando outra coisa.

– Eu gosto de ser menina, porque, na minha família, somos dois meninos e duas meninas, empatados.

– Eu quero ser menina, porque minha irmã brinca comigo de boneca.

– Eu gosto de ser menino, porque gosto de ser bonito.

– Eu gosto de ser menina, porque também sou um pouco vaidosa. Minha mãe sabe um ditado sobre isso: "*A beleza tem seu preço*".[8] E é que, quando minha mãe estica meu cabelo com a escova e o

[8] N. da T.: no original, "*Para presumir hay que sufrir*". A ideia de que, para estar bonita, a mulher precisa passar por algo que possa ser desagradável. O verbo "*presumir*" tem a ver com essa ideia de "ser vaidoso(a)", de "se exibir", de "ser convencido(a)".

Continua

Continuação

secador, digo-lhe: "*Mamãe, para já de 'alisá'*", e ela me diz o ditado, que quer dizer que tenho que aguentar, porque, senão, ela não faz direito, eu não fico bonita e não posso me exibir.

– Os meninos também são vaidosos, não só as meninas.

– Eu já sei, meu irmão fica o dia todo ajeitando o topete.

Das vidas às obras, e vice-versa

Nas turmas dos pequenos, a aproximação às propostas artísticas das diferentes autoras costuma ser mediada pela atitude e pelas palavras das professoras. Assim, podíamos ver as crianças de 1 ano pintando alegremente em cor vermelha sobre uma espécie de bonecos que sua professora, Reme, tinha confeccionado com pano branco e enchimento molinho, inspirados nos da artista Yayoi Kusama. Tinha dois "Kusamas" enormes, que as crianças identificavam como a mamãe e o papai, e muitos pequenos, que vinham a representar elas mesmas.

Víamos as de 2 anos fazendo uma escultura inspirada em Maya Lin[9] utilizando materiais curiosos: massinha e tampas; era uma grande bola de massinha na qual elas colavam, descolavam e voltavam a colar tampas de várias cores. Marta, sua professora, convidou-as para brincar de fazer uma "bola" enorme, como a que a artista tinha feito, e seus alunos se juntaram à brincadeira.

Na turma de 3 anos, as crianças ficaram bem impressionadas com a pintura que Conchi, a avó de Ares, fez diante de todos. Ela foi a madrinha-apresentadora do projeto. Desse modo, pediram a Inma para fazer um quadro de barcos como o de Conchi, e o fizeram pintando algumas caixas de cor azul-turquesa e colando nelas uns barquinhos de triângulos de papel envernizado, que ficaram maravilhosos.

[9] N. do E.: arquiteta contemporânea estadunidense.

Nas turmas de 4 e 5 anos, ainda que a maneira particular de cada professora apresentar os trabalhos também influenciasse e marcasse as crianças, elas já começavam a olhar por conta própria as obras das artistas, e opinavam, escolhiam e se aproximavam delas sozinhas.

As de 4 anos foram impactadas pela visita de Úrsula, tia de Marc e artista plástica, que lhes contou com tanta simplicidade quanto paixão como se geravam nela suas criações, como colhia sensações, imagens e recordações e as absorvia, para que saíssem transformadas em coisas bonitas. Mostrou umas garrafinhas etiquetadas nas quais tinha guardado "ar de Nova York", "ar de Paris" e vários outros "ares". Trazia-os de suas viagens para respirá-los e se inspirar neles.

Pediu à Adriana que a ajudasse a pegar um pouco do "ar livre" daqui, da Escola Aire Libre, e etiquetou o potinho logo depois, emocionada, assegurando às crianças de que, dali, sairia algo bom. Depois, Úrsula jogou um pouco de tinta de várias cores em uma tigela com leite, e as crianças se deslumbraram ao ver os efeitos que apareciam. Por último, propôs-lhes criar pequenas esculturas amassando papéis e deixando-os suspensos, presos por adesivos. Uma sessão memorável, que fez todos desejarem inventar, pintar e criar coisas, como a tia de Marc, uma artista verdadeira ao alcance de suas mãos e de seus sonhos.

Na turma de 5 anos, a explicação das biografias das mulheres artistas impressionava as crianças, que comentavam entre si toda hora. Ao saber que uma das artistas, quando era menina, tinha sido proibida de pintar e apenas podia fazer isso com um galho do chão, para que seu pai não a apanhasse de surpresa, surgiram as comparações e as identificações: "*Pois meus pais sempre me deixam pintar e gostam de tudo o que eu faço*", "*Minha mamãe me deu uma caixa de aquarelas de presente*"...

Ao contar às crianças que Luisa Biosca, a ceramista, é alicantina e veio há um tempo à nossa escola para nos mostrar suas obras, alegraram-se e perguntaram como ela era, se tinha filhos, e se seus irmãos mais velhos a tinham conhecido. E, ao lhes dizer que a artista Nydia Lozano,[10] de pequena, vivia em Alicante e era minha amiga, algumas crianças perguntaram em qual rua morava. Disse a elas que eu via que, toda tarde, o papai de Nydia lhe dava como exercício a cópia de uma página de um quadrinho e que ela ficava muito entretida, de tal forma que aprendeu bastante. Depois, já inventava seus próprios desenhos, e, agora, era muito famosa.

Decidida a utilizar minhas lembranças como recurso, expliquei às crianças que Susana Guerrero, artista plástica nascida em Elche, também tinha vindo à escola fazia dois anos e tinha nos contado acerca de seu processo criativo. Ela tinha a virtude de aproveitar suas vivências, sejam boas, sejam ruins, para criar coisas novas, ou seja, que tornava arte o que ia vivendo. Anotava tudo em uns bloquinhos, para não esquecer, e, de lá, retirava sua inspiração. Mostrou-nos um deles, e era maravilhosa: cheia de desenhos, de palavras, de setas, de retratos pela metade, de flores coladas...

Susana morou no México durante alguns anos e, por conta disso, interessaram-lhe as onças-pintadas (nesse país, acredita-se que vigiem as casas). Desse modo, fez uma coleção de cem cabeças de onças, brancas e pretas, que colocava em um enorme círculo, chamado "o círculo protetor"... Contou-nos, também, que esteve doente e triste por alguns meses, que permanecia bastante tempo na cama, por esse motivo, começou a se interessar por camas e todo mundo lhe perguntava como era sua sonhada cama. Inspirada em uma dessas camas, Susana realizou uma escultura que recebeu um prêmio e que decora uma praça de Madri. Imediatamente, as crianças se puseram a imaginar como seria a cama de seus sonhos, e eu comecei a anotar a toda velocidade algumas imagens que, além de serem sugestivas e poéticas, falavam de cada uma das crianças.

Camas de fada com varinhas mágicas nos picos, de nuvens, de penas de várias cores, de palha. Camas de fogo "*para que meu irmão se queime se vier me acordar*"; de gelo; de caracóis, "*para que me façam cosquinhas*"; de neve; de água quentinha; de troncos; de bolhas de sabão com perfume; de seda;

[10] N. do E.: pintora espanhola cuja maioria das obras retrata mulheres e flores.

de montanha de noite e com lobo; de areia quente; de cavalo "*que me leve ao colégio pela manhã*"; de espetos, "*se aparecer um ladrão*"; de montanha-russa, "*que é muito divertida*"; de docinhos "*que não me deem cáries*"; de futebolista, "*para treinar à noite*"; de coração de amor; de desejos, "*para que, quando me deitar, eu peça o que quiser, e ela me traga logo depois*"...

Algo que as impressionou bastante foi a vida de Frida Kahlo, e, isso, porque a contei resumida, sem entrar em seus episódios mais dramáticos. Vimos imagens na internet, no livro que Marvin trouxe, e fui lendo fragmentos de um texto muito interessante de Rauda Jamis,[11] que Candela trouxe, alguns dos quais nos fizeram parar para pensar ou debater.

Um deles dizia que "as crianças implicavam com Frida e caçoavam dela, chamando-a de 'Perna de pau' por seus movimentos desajeitados em razão da poliomielite", doença que a deixou na cama por muito tempo e a fez sofrer. Frida, indignada, chamou os que a xingavam de "imbecis, idiotas e cretinos". Ao escutar isso, Pepe disse que o censuravam se dizia palavrões; Martina se pronunciou acaloradamente, apoiando a ação de Frida: "*Pois eu acho ótimo que os insulte, porque a atacaram*", e Neus comentou que as gozações davam muita tristeza, e que ela sabia, porque, uma vez, zombaram dela, e ela ainda se lembrava. Assim, todo mundo contou as zombarias de que tinham sido objeto e o quanto os tinha machucado. E eu aproveitei para lembrar as crianças de que, algumas vezes, tinha acontecido algumas gozações entre elas, então, que veríamos se elas deixariam de zombar, já que, agora, sabiam a tristeza que isso causava.

Em outra ocasião, li a elas que Frida Kahlo explicava que sentia tanta dor nas pernas pela poliomielite que parecia que estavam cravando flechas nela, por isso, pintou-se como um cervo ferido. Várias crianças falaram de suas próprias dores: "*Isso aconteceu comigo ao prender o dedo na porta do meu carro*", "*Comigo, a ponta de uma faca entrou no meu pé quando caiu*". E alguém propôs se desenhar com sua "*cara de foto*", o corpo de cervo e palitos como flechas; alguns trabalhos ficaram incríveis.

[11] N. do E.: biógrafa de Frida Kahlo.

Um dos fragmentos que atraiu meus alunos foi uma anedota na qual se contava que Diego Rivera, que foi casado com Frida, foi buscá-la muito enfurecido e com um machado na mão, disposto a matar o cachorro da artista por ter urinado em uma de suas aquarelas. A ela, o acontecido lhe causou riso, o que o contagiou, concluindo a cena com os dois jogados no chão gargalhando de tanto rir, enquanto comentavam que, com certeza, o cachorro não gostava de sua pintura. Mal acabamos de ler isso, Pablo propôs fazer um teatro com a situação. E foi uma cena, certamente, muito divertida.

Várias mulheres próximas nos presenteiam com sua arte

Houve outras visitas que colaboraram para ampliar o olhar e encontrar a beleza nas mais variadas tarefas. Maria Teresa Abad, professora e grande amiga de nosso projeto educativo, veio à turma dos Elefantes para mostrar suas preciosas criações artísticas feitas "com mãos de mulher": alguns magníficos e imaginativos chapéus (chapéus-barco, chapéus-sol, chapéus-primavera...). Ela conseguiu, em questão de segundos, captar a atenção das crianças e fomentar suas radiantes imaginações em plena ebulição ao ir lhes explicando devagar, chapéu por chapéu, como, por que e para quem tinham sido criados. As histórias dos chapéus reluziram entre nós, e vimos que as coisas sempre ocorrem por algo e por alguém; que alguns chapéus tinham que ser chamativos, porque eram para o Carnaval; outros tinham que ser discretos, porque eram para acompanhar uns músicos que apresentavam um espetáculo; e outros, ainda, tinham que ser simplesmente bonitos, porque seriam presenteados a alguém.

Compartilhou truques, ideias e técnicas com as crianças para que cada uma se lançasse a realizar suas próprias criações, e o fez com tanta delicadeza, clareza e amor que várias se levantaram espontaneamente para agradecê-la pela visita. Em seu relato, um grande exemplo de vida, deixou-nos reflexões tão interessantes quanto estas:

- *"Tudo o que sentimos, o que pensamos e o que vivemos levamos dentro de nós, e é com isso que se inventam as coisas que criamos."*
- *"O que se faz à mão dura muito, e cada peça é diferente, como as pessoas o são."*
- *"Sou curiosa e pergunto muito, e assim é como aprendo. Bom, e, também, quando erro."*

A mamãe de Nico, que é *designer*, esteve na sala para explicar a vida e as obras de Louise Bourgeois.[12] A representação que esta artista fazia de sua mãe como uma grande aranha tecelã assombrou as crianças. Mercedes propôs fazer uma aranha gigante, utilizando como base uma armação de madeira e barras de ferro dobradas que tinha preparado o avô de Nico. Com muito entusiasmo, realizou-se a original tarefa, organizando as crianças em grupos de cinco, e cada um deveria calçar uma meia preta na pata correspondente da aranha, preenchendo-a, em seguida, com o enchimento de algumas almofadas que Mercedes havia trazido. Por último, nossa diretora artística dava uns pontos por cima e convidava as crianças a colocar nela um sapato de salto. Marvin se encarregou de pintar a cabeça de cor preta e vários voluntários fizeram olhos com bolas de cortiça branca e massinha preta. Também colocaram no aracnídeo umas presas enormes, sendo o resultado o mais aterrorizante possível.

Martina disse, um dia, que sua avó Isabel era cabeleireira e fazia penteados muito artísticos, então, convidamo-la para vir, acompanhada pela mamãe de Martina. Cada criança pediu o que desejava que fizessem. E colocaram mãos à obra: topetes, cachos, tinta e géis naturais com açúcar e limão encheram o ambiente e as cabeças dos alunos e das professoras. Ficamos superelegantes!

---

[12] N. do E.: artista plástica franco-americana dos movimentos modernista, surrealista e de arte feminista. Fez pinturas e esculturas muito reconhecidas. A obra citada no texto, *Maman*, é uma aranha gigante que está no Museo Guggenheim Bilbao, Espanha. Escultura semelhante, com o título *Spider*, foi confeccionada por Louise Bourgeois em 1996. Primeiro de seis exemplares produzidos pela artista, a escultura pertence ao Itaú Cultural e esteve exposta em comodato no Museu de Arte Moderna (MAM), em São Paulo, por aproximadamente 20 anos. No momento, há um projeto itinerante para que a obra passe por vários lugares do Brasil.

Quando a mãe de Alina veio nos mostrar suas colchas e toalhas de *patchwork*, também houve um momento de muita admiração. Eram magníficas! As crianças colaram (porque costurar era difícil para elas) um quadrado com estrela com os tecidinhos perfeitamente cortados que ela nos trouxe.

As vidas das artistas que eu ia relatando ou lendo sobre e as vidas das artistas próximas passavam a fazer parte de nossas conversas, identificações e imaginações. Algo como se fossem mais alguns modelos de pessoas e de personagens conhecidos. Podíamos estar a favor ou contra, podíamos entendê-las melhor ou pior, mas, desde então, não nos passavam despercebidas, nem nos eram indiferentes.

E ao conhecer um pouco sobre as vidas que despertavam a curiosidade, a inveja ou a admiração de meninos e de meninas, passávamos a nos familiarizar com algumas das obras das artistas, que víamos pela internet, em livros, catálogos de arte, cartazes etc. As formas de nos aproximarmos das produções variavam bastante, pela idade das crianças, por seu nível de maturidade, por seus interesses, pelos estilos das artistas, entre outros. Algumas vezes, tratava-se de observar atentamente uma produção e tentar reproduzi-la; outras, de utilizar cores e materiais que tinham uma semelhança com os das obras nas quais nos detivemos.

Também praticávamos técnicas diferentes: autorretratos, cópias do natural, colagem, pontilhismo, composições, modelagem, misturas de cor, fundos, trabalho com lápis... Pretende-se que as crianças admirem a beleza das obras apresentadas, e que isso desperte nelas o desejo de fazer suas próprias produções com imaginação, alegria, gosto e, cada vez mais, técnica. Trata-se de dominar o uso dos suportes, dos instrumentos e dos materiais para uma expressão plástica que se caracteriza pelo prazer e pela liberdade de criar, e não pela repetição, pela prática sem sentido ou pelos estereótipos.

O fio condutor que cada grupo percorria tomava formas diversas, detinha-se nas elaborações que provocavam os acontecimentos afetivos e de grupo, entrelaçava curiosidades com novos saberes, fazia hipóteses, testava e comprovava. Enquanto os trabalhos plásticos e criativos eram realizados, representavam-se cenas inventadas com base na vida das artistas, dialogava-se, discutia-se, recepcionava-se as visitas colaboradoras, verificava-se quantos meninos e quantas meninas há no mundo, consertava-se alguma situação... E constatava-se que, *com mãos de mulher*, é possível fazer coisas muito valiosas, muito artísticas e muito ao alcance de nossos olhos ávidos por coisas belas.

Parte II

Uma escola acompanhante

La gran cocina está casi a oscuras.
A través del plano de la luz constante, difusa,
las ollas de cobre en la pared y el geranio en la ventana
alimentan fogatas diferentes.
La hierba cuelga de las vigas su musgo negro.

Sobre la mesa, con las manos enharinadas
y los pies bien plantados
en las baldosas, una mujer
sopesa las futuras hogazas.
Levadura y harina, agua y sal,
van a encontrarse en el gran bol.

No es
en el pan que hornea, enfría y corta
en lo que piensa,
sino en el modo
en que la masa sube y cobra vida propia.

No es en el horno en lo que piensa,
sino en el modo
en que ese olor ácido se transforma
en fragancia.

Quiere poner
una rosa de plata o una campana de diamantes
en cada pan;
quiere

hornear dentro de una hogaza una maldición
y en otra, las palabras que rompen los hechizos
y transforman en ellos mismos a los héroes;
ella quiere hacer pan
que sea más que pan.

A grande cozinha está quase no escuro.
Através do plano da luz constante, difusa,
as panelas de cobre na parede e o gerânio na janela
alimentam fogaréus diferentes.
A planta pendura nas vigas seu musgo negro.

Sobre a mesa, com as mãos enfarinhadas
e os pés bem plantados
nas lajotas, uma mulher
pondera os futuros pães.
Levedura e farinha, água e sal,
vão se encontrar na grande tigela.

Não é
no pão que assa, esfria e corta
no que pensa,
mas no modo
como a massa sobe e cobra vida própria.

Não é no forno, no que pensa,
mas no modo
como esse odor ácido se transforma
em fragrância.

Quer pôr
uma rosa de prata ou uma redoma de diamantes
em cada pão;
quer

assar dentro de um fogaréu uma maldição
e, em outro, as palavras que rompem os feitiços
e transformam eles mesmos em heróis;
ela quer fazer um pão
que seja mais do que um pão.

Denise Levertov

Y yo quiero hacer una escuela
que sea más que escuela.
No me basta una escuela que enseñe los números, las letras y a sentarse derecho.
Ni siquiera una escuela que enseñe inglés, informática o educación emocional.
Quiero una escuela que sea encuentro.
Que sea palabra.
Que sea cambio. Que sea salud.
Que sea afecto. Que sea escucha. Que sea placer.
Que sea aprendizaje.
Que sea mirada. Que sea emoción.
Que sea deseo.
Que sea ternura.
Quiero una escuela que resuene alegremente
dentro de cada niño, de cada niña,
de cada maestro, de cada maestra,
de cada familia.
Una escuela que nos ponga a latir el corazón.
Y aunque me consta que lo he venido intentando
y he echado mucha ilusión en ello,
y también mucho trabajo,
sé que el camino no está recorrido todavía.
Pero mientras siga dando pasos,
sola y con otros,
hacia esa utopía radiante que, a decir de Galeano, sirve para caminar,
estaré conforme,
y dispuesta a seguir.

E eu quero fazer uma escola
que seja mais do que uma escola.
Não me basta uma escola que ensine os números, as letras e a se sentar direito.
Nem sequer uma escola que ensine inglês, informática ou educação emocional.
Quero uma escola que seja encontro.
Que seja palavra.
Que seja mudança. Que seja saúde.
Que seja afeto. Que seja escuta. Que seja prazer.
Que seja aprendizagem.
Que seja olhar. Que seja emoção.
Que seja desejo.
Que seja ternura.
Quero uma escola que ressoe alegremente
dentro de cada menino, de cada menina,
de cada professor, de cada professora,
de cada família.
Uma escola que faça bater o coração.
E ainda que eu saiba que vim tentando
e colocado muito entusiasmo nisso,
e também muito trabalho,
sei que o caminho não está percorrido ainda.
Mas, enquanto siga dando passos,
sozinha e acompanhada,
rumo a essa utopia radiante que, como diz Galeano,[1] serve para caminhar,
estarei contente,
e disposta a seguir.

Mari Carmen Díez Navarro

[1] N. do E.: Eduardo Galeano, importante escritor uruguaio que, entre os diversos gêneros e temas trabalhados, falou da utopia, que servia a ele para que não deixasse de caminhar.

9 Já sei somar!

Fonte: Reme Picó (Escola de Educação Infantil Aire Libre, Alicante, Espanha).

Sempre iam juntos esses três amigos curiosos, alegres, pensativos e extravagantes. Inventando piadas, teatrinhos, coreografias e experimentos. Tentando somar, subtrair e colecionar tesouros. Até contratos idealizaram uma vez e faziam assiná-lo todos os que se colocassem ao alcance de seus entusiasmos regularizadores.

No dia da festa, entre vergonhas e risos, uniram suas bandeiras e brindaram ao sol, à dulzaina[1] *e à sua amizade cativante que, segundo nos contam, perdura com os anos.*

[1] N. da T.: instrumento musical de sopro, da família do oboé.

A sensação de surpresa diante do que ocorre na escola é uma das que eu mais gosto. Ver como se configuram as circunstâncias e as reações pessoais de crianças, de pais e de professores de maneiras tão diferentes é um dos meus entretenimentos favoritos.

Aqui, explicarei alguns acontecimentos de um grupo contável, observador e criativo, que me surpreendeu e me fez rir. As crianças não desperdiçavam nenhuma ocasião de verificar o lado matemático das coisas, fosse classificando seus umbigos, examinando "*o que tem dentro do zero*", ou querendo saber se o número 1.000 "*era muito ou pouco*". Além da originalidade de seus pontos de vista, foi bonito ver como surgiam faíscas sentimentais embebendo os acontecimentos matemáticos. Surgiram invejas, ciúmes, curiosidades, carinhos, competição, desafio, imaginação, prazer... Todo um mundo de emoções.

Que diferentes foram minhas vivências infantis em relação à matemática! Para mim, era indecifrável, e é porque não me foi apresentada como algo útil e interessante. De fato, toda vez que eu perguntava, tentando encontrar um sentido, as respostas eram pouco menos que censuras ou irritadas impaciências. Ainda bem que meus alunos e minhas alunas permitiram que eu me reconciliasse com ela, ainda que seja um pouco tarde...

***

Os Elefantes e eu estivemos juntos pouco mais de duas semanas. Nesse curto período, pude observar que esse grupo estava muito interessado pelos números e por contar. Atividades que, desde o primeiro dia, promovi, por Pedagogia e por costume, e às quais as crianças responderam com afinco e carinho.

Habitualmente, contamos quantas crianças há em cada mesa, quantas há no total, se há números pares ou ímpares. Também contamos os elefantes de brinquedo que há na sala, os andares das torres que constroem, as almôndegas que lhes são servidas, quem faz parte de uma equipe de futebol ou da outra, quem usa óculos, quem tem o cabelo cacheado ou liso, a quantidade de irmãos que têm, quantos dentes estão caindo...

A verdade é que contamos tudo, porque, com o tempo e a formação, concluí que trabalhar com números na Educação Infantil passa pela etapa de convidar as crianças a olhar a vida com olhos matemáticos. Assim, os números são vividos como um jogo, e se aprende a comparar, a relacionar, a ordenar, a classificar e a contar como as atividades vitais, úteis e interessantes que realmente são. Dessa forma, os números se tornam palpáveis, e as crianças os sentem, vê-se um sentido, são percebidos como importantes, carregados de afetos e desfrutados.

Sabemos que todas as crianças se interessam por saber sua idade e a de seus pais, seu peso, sua altura, o tamanho de sua roupa e de sapatos, os dias que faltam para a excursão ou celebrar uma festa. Todas se atraem por medir; pesar; manipular; fazer coleções, grupos e "escadas" de tamanhos; discriminar as formas e as cores; saber contar; conhecer os "números grandes"; verificar o que tem dentro do zero etc. Isso é entender, colocar em ordem e ir dominando o mundo ao seu alcance.

Se os professores e as famílias se juntarem ao carro-chefe explorador das crianças, tentando descobrir de novo as coisas com elas e partindo de seu desejo de saber e de seu entusiasmo, o acompanhamento desses acontecimentos matemáticos não é difícil e, até mesmo, chega a ser bastante agradável sempre que nos esquecemos das pressas, da ordem lógica com a qual aprendemos e do querer ensinar tudo com base em copiar os dígitos repetidas vezes.

Naquele setembro, aproveitei ao ver Paulo construindo diariamente lindas torres de sete ou oito andares, com peças de madeira; Nicolás vangloriando-se de que sabe somar e demonstrando, ao contar os dedos, que ele mesmo se prepara em um desafio constante; Héctor, que se deu conta de que é o único que usa camiseta de tamanho oito; Celia, que recita a tabuada do 1, ensinada por sua irmã; Aitana, que se pergunta como é que "seu bebê" tem "zero ano", se o zero não é "nada" e faz já muitos dias que a neném vive em sua casa...

A seguir, contarei alguns dos acontecimentos matemáticos que vivemos em minha turma.

Por curiosidade

Há uma semana, Álvaro anunciou o aniversário de seu papai. Não lembrava quantos anos fazia, por isso, pedi a ele que perguntasse e nos contasse. "*Por curiosidade*", disse-lhe. Dois ou três dias depois, explicou que tinham celebrado o aniversário de sua mamãe e também não se lembrava de sua idade.

Propus fazer um bilhete destinado aos seus pais, para que anotassem quantos anos tinham. Como era de se esperar, várias crianças pediram que desse papel para elas também, então, aproveitei para fazer uma tarefa coletiva. E, agora, estamos envolvidos na coleta de dados, em suas anotações em uma lista, na comparação de quantidades, em aprender a nomear e a conhecer os números, em procurar coincidências agradáveis... Em suma, em ver o lado matemático da vida como resultante das coisas que nos são próprias. É bonito escutar seus comentários:

– Minha mamãe nasceu um ano antes do que meu papai.

– Meu pai é mais velho do que minha mãe.

– Meus pais são iguaizinhos, empatam com 42.

– Minha mãe é como a da minha melhor amiga, as duas têm 36 anos.

– Pois meu papai está ganhando, tem 58, o que mais anos tem, de todos.

– Minha mamãe ganha de todos também, é a que menos tem: 31.

– Por isso está tão bonita.

– Ei, meu pai também é bonito, mesmo tendo 58...

Virtudes das matemáticas aplicadas... E da curiosidade colocada a trabalhar em grupo.

Eu moro no número 14

Pedi aos pais de meus alunos que mandassem várias fotografias para realizar diferentes trabalhos em aula. Uma foto da família, uma com os irmãos, uma com os animais de estimação, uma na cozinha da casa, uma com os olhos da criança em primeiro plano e uma apontando o número de sua porta.

As das famílias, estão todas juntas em um lugar grande, bem à vista, e as dos irmãos nos serviram para anotar seus nomes em um gráfico, para falar sobre eles e para contabilizar quantos irmãos tem cada um. A situação geral do grupo é a seguinte: há 3 famílias com 3 filhos, 15 com 2 filhos e 1 com apenas 1 filho. Logo após contar, alguém ressaltou que havia apenas 1 família de 1 filho e 3 de 3 filhos. Que bom acaso!

Utilizamos as fotos dos números das casas para confeccionar um livrinho que servirá de registro de outro aspecto a mais de nossas vidas e para fazer um mural no qual estão os desenhos das casas de todos com seus números bem colocados em cima ou ao lado das portas. O mural gera muitos comentários: "*você vive no mesmo número da minha tia*"; "*meu número é o maior de todos: o 130*"; "*o meu é o mais fácil: o 1*"; "*minha casa está ao lado da do meu amigo, porque somos vizinhos, e temos o 21 e o 22*"...

Mais adiante, anotaríamos os telefones em uma agenda, os tamanhos de roupa e de calçado, a quantidade de letras de nossos nomes, o peso, a medida... Contar com sentido.

Os 1.000 degraus de Martina

"*No domingo, passei por um caminho que tinha 1.000 degraus*", comentou Martina na segunda-feira, no primeiro horário, quando cada um explicava o que tinha feito no fim de semana.

Valorizei sua façanha e escrevi o número "1.000" na lousa, insistindo que ela era uma boa esportista, porque eram *muitíssimos* degraus. Mas, pelo visto, meu entusiasmo despertou a rivalidade em seus colegas, que questionaram meu comentário (e, portanto, minha valorização do fato), e isso nos pôs a discutir calorosamente:

– 0 não é nada, e 1 é pouco, assim, 1.000 que não é muito.

– Sim, é, porque eu me cansei bastante – respondeu Martina, afrontando-o.

– Pois eu vejo o 1.000 como pouquíssimo – insistia ele.

– Meu vovô me dá 5 euros às vezes, e eu compro muitas coisas – comentou uma menina.

– O Ratoncito Pérez[2] me colocou debaixo do travesseiro 10 euros, e, com isso, comprei um ioiô e docinhos – disse outra. O 10 é *bastante*.

– Se te dão 2 euros, é muito melhor do que se te dão 1 – esclareceu um dos meninos.

– 0 não é nada, só é um zero à esquerda[3] – apoiou um amigo do que protestava.

– Meu irmão diz que os números nunca se acabam. E que é preciso saber os números pequenos e os grandes.

– Eu amo os grandes, porque gosto de ter muito de tudo.

– Bom, mas 1.000 não é muito – repetia o inconformado.

– Olhe – tentei esclarecer – na caixa grande, há umas 100 peças de madeira; pense que 1.000 seria como se tivéssemos 10 caixas como essa.

– Não, 1.000 não é tanto, que isso sei eu – continuava ele.

– Está confundindo, já vai entender, quando passar a irritação porque eu valorizei o esforço de Martina em seu passeio.

[2] N. do E.: figura semelhante à fada do dente.

[3] N. do E.: no original, "*cero patatero*", que significa "nada", "necas de pitibiribas". Remete-se à semelhança entre o formato do número zero e o da batata. É uma expressão utilizada e difundida por políticos espanhóis.

Vendo que, diante dessa teimosa revolta ciumenta, nenhum argumento seria suficientemente bom, optei por colocar outro exemplo, para que, ao menos às demais crianças, o tema ficasse um pouco mais claro, e, quanto ao menino, deixei que passasse sua birra. Já se sabe que os sentimentos, às vezes, fazem-nos perder o norte.

Acredito que essa discussão foi muito útil. Por um lado, para que as crianças venham se aproximando da matemática conforme o que trabalhamos na Educação Infantil; por outro, para que reluzam certos sentimentos que convêm aprender a reconhecer, a expressar e a encarar adequadamente, a fim de que não se transformem em agressões ou em silêncios explosivos.

Outra oportunidade

Uma manhã, organizei um jogo de pontaria no qual havia cinco aros e, em cada um deles, coloquei algumas palavras do nosso último conjunto visto. Uma era "RITA", o nome da borboleta protagonista de um conto; outra era "EU", palavra importante que lhes ensinei no primeiro dia de aula; outra era "FIM", que é o que coloco todo dia quando acabo os pictogramas com os quais a sequência de tarefas é organizada, e as restantes eram "PAPAI" e "MAMÃE", duas palavras que agradam muito a todos.

Cada um arremessava tentando acertar a madeira que nos servia de suporte em algum dos aros. Se não conseguia, tinha outra oportunidade; se conseguia, escrevia a palavra no espaço correspondente do placar que eu havia desenhado na lousa. Depois de todos terem lançado, contamos qual palavra estava escrita mais vezes, e ganhou "RITA", com 8 ocorrências. Imediatamente começou a segunda partida, na qual ganhou "FIM", com 9. E ainda houve um terceiro turno, no qual ganhou MAMÃE, com 11 ocorrências.

Nós nos divertimos muito, todo mundo seguiu as regras propostas, esperaram a vez, animaram os que jogavam, escreveram e contaram. Um bom jogo de grupo, com aprendizagem e diversão. Um prazer que voltaremos a repetir.

Olhar para o próprio umbigo

Olhar para o próprio umbigo costuma ser malvisto, por causa do narcisismo e porque se pressupõe que fazer isso não inclui olhar os demais. No entanto, desta vez, o comentário de Aitor fez nos interessarmos por nosso próprio umbigo, mas em relação aos umbigos dos colegas.

– Meu irmão tem o umbigo para fora, e eu tenho para dentro.
– O meu está enfiado, como o seu.
– Eu não sei como é o meu, vou ver...

Diante do súbito interesse despertado pelo comentário de Aitor, propus que todo mundo pegasse uma lupa ou um espelho para olhar para o próprio umbigo, mas, também, o de seus amigos, para anotar quantos o tem para dentro e quantos, para fora. Foi um momento muito divertido, houve risadas, piadas, alguma vergonha e certo espanto geral, ao ver que havia outro tipo de umbigos: os que tem um pouco das duas coisas, porque estão meio para fora e meio para dentro.

Resultado: em vez dos gráficos classificados intitulados "Assim somos", agora, há um novo registro no qual aparecem nossos umbigos observados e contados em parceria. A recontagem diz que temos 7 umbigos para fora, 9 para dentro e 4 que ficam no meio do caminho.

Desse modo, olhar para o próprio umbigo, dessa vez, não foi uma manifestação narcisista, mas, sim, uma forma a mais de nos olhar, de nos contar, de nos incluir.

O jogo divertido

Um dia, falando das letras e vendo ilustrações, quadros e esculturas que as incluíam, apareceram umas pedras decoradas que sugeriram a Alberto D. uma proposta interessante: "*Poderíamos escrever letras nas pedras que temos e, depois, escrever as mesmas letras em um papel grande e fazer um jogo, que seria colocar cada pedra em cima da letra que fosse a sua*".

Todos achamos muito bom, por isso, quando terminaram o trabalho previsto, cada criança pegou uma pedra e escreveu nela a letra que desejasse. Era preciso ter a precaução de que as letras não se repetissem, para que aparecesse o alfabeto completo. Quando todos tinham feito sua letra, coloquei-as em ordem alfabética e completei as que faltavam. Então, veio a fase de alinhar as pedras em uma placa de papel-pluma branco e voltar a escrever as letras escolhidas com canetinhas. Ficou muito bonito. Perguntei a elas como chamaríamos o jogo, e Pablo disse: "*O jogo divertido*". Como não houve mais propostas, assim ficou batizada a invenção.

Quando estavam no pátio, pensei como poderíamos dar à atividade uma característica de jogo, e me ocorreu que poderiam jogar de 4 em 4, pegando 7 pedras cada jogador e deixando fixa a letra Z. O jogo consistiria em lançar um dado e colocar tantas pedras quanto pontos tivessem saído. Seria o ganhador aquele que ficasse sem pedras primeiro.

No dia seguinte, estreamos. De início, li as instruções e as escrevi numa cartolina. A seguir, organizamo-nos em equipes de 4 membros e começamos a jogar. Todos estavam interessados. As crianças que conheciam as letras iam dizendo às demais, e as que não sabiam, nomeavam-nas deste maravilhoso e personalizado jeito, que amo ouvir: "*a [letra] de MARVIN*", "*a [letra] de SOFÍA*", "*a [letra] de NICO*"... A verdade é que o jogo está sendo superaproveitado. Algumas vantagens que vejo, resumidamente:

- Contam até 7 para pegar as pedras.
- Aprendem a letra Z, que é "*a que não se move*".
- Nomeiam as letras ao ir colocando-as: "*o W de* WII", "*o K que tem em* IKER"...
- Comparam-nas: "*o M e o W são iguais, mas ao contrário*", "o *R de* ROMÁN é como o P de PEPE *e* PABLO, *mas com outro rabo*", "*o Y parece com o V, mas é 'mais alto'*"...
- Entendem e respeitam as regras propostas.
- Vão seguindo as partidas dos demais e os animam, ajudam ou retificam.
- Aplaudem o que ganha e se animam a verbalizar a inveja que sentem: "*Estou com inveja, porque eu queria ganhar*".
- Idealizaram, batizaram e confeccionaram um jogo para uso coletivo.
- Surgem derivações interessantes: Pepe propõe que cada um faça um jogo igual em sua casa, "*comprando uma cartolina grande na papelaria*".
- Aparecem os conceitos de "azar" e de "sorte".
- Algumas crianças estrearam na arte de fazer trapaças colocando o dado preparado para que saísse o 6 e, assim, ter mais possibilidades de ganhar. Situo isso no lado das vantagens, porque indica se antecipar e planejar a ação, fazer hipóteses dos resultados e querer ganhar. Em outras palavras, memória, planificação, estratégias, narcisismo etc. Geralmente, quem põe isso em ação são as crianças de 5 anos.

O que está claro é que esse jogo é um bom exemplo de nossa maneira de trabalhar: preparar um ambiente rico e aberto, manter uma atitude de escuta, incluir as ideias das crianças, valorizar o jogo como ferramenta básica de aprendizagem, apresentar o trabalho de forma globalizada, aproveitar a vida cotidiana para verbalizar e elaborar as questões afetivas, propor regras, fomentar as relações e a cooperação, convidar as crianças a imaginarem, criarem e aproveitarem muito, abrir o apetite ao conhecimento das letras e dos números, estabelecer vínculos estáveis com cada uma das crianças e com o grupo em seu conjunto...

E nós, professoras, ainda nos preocupamos se falta trabalhar algum objetivo do currículo!

Conseguirão esses Elefantes continuar desfrutando do lado matemático da vida sem sentir o peso do currículo, da insegurança ou da exigência?

Conseguiremos nós acompanhar suas tentativas e suas hipóteses semimágicas para, pouco a pouco, ir conhecendo a realidade?

Conseguirá a escola se adequar às formas de aprender naturais dos meninos e das meninas, como olhar, tocar, jogar, brincar, repetir, xeretar, contar, perguntar, imaginar?

10 Idas e vindas

Fonte: M. E. López
(Buenos Aires, Argentina).

O que é esta placidez de olhar e escutar um livro que tem a voz de sua professora, o cheiro de sua pele, o calor de seu desejo?

O que é esta luz que entra pela janela de sua escola e aflora a sua imaginação, dando ar aos seus sonhos?

O que está pensando enquanto sua mão acaricia a grama de papel, as flores, as pessoas do conto, e vai se adentrando, pouco a pouco, nas palavras que se desfiam para você com o eco de um coração que bate bem perto?

As idas e vindas do princípio de ano são sempre inimagináveis, imprevisíveis, *supernovas*. Em minha escola, tentamos abordá-las, envolver-nos, mergurlharmos nelas com a intuição pronta, com a experiência como guia, com a energia dos começos.

O pai de Sira vai embora. É mergulhador e está prestes a iniciar seu trabalho além dos mares. O de Lola acaba de voltar. É ator e viajou à Austrália para representar uma obra com seu grupo teatral.

Idas e vindas que iluminam e alimentam, que acontecem ao nosso lado, que podemos aproveitar com as crianças, que nos oferecem seu alento de vida.

Guardar a ausência

Esta manhã, depois apenas dez dias do início das aulas, meninos e meninas da turma dos Cangurus, de 4 anos, receberam sua primeira visita. Isa e Manuel, os pais de Sira, vieram a nos ver. O papai, para explicar seu trabalho de mergulhador e sua viagem iminente; a mamãe, para participar e fazer fotos do evento.

A ideia era convidar Manuel para contar coisas sobre seu ofício na turma de sua filha, para, também, convidar a menina a aceitar melhor a situação, e o grupo, para acompanhá-la nos sentimentos de tristeza, de raiva ou de saudade que talvez tenha nos próximos meses. Uma maneira simples de encaixar a realidade e de incluir a circunstância particular dessa família, na qual o pai tem que se ausentar durante certo tempo de casa por razões de trabalho.

Guardar a ausência era, pois, o motivo principal desse encontro. No entanto, o momento foi, além disso, algo digno de ser lembrado por todos em virtude de sua simplicidade e do bom clima gerado, tanto pela presença e pela atitude dos visitantes quanto pela emoção e pela alegria que a criança mostrou diante de seus colegas.

Ao chegarem, havia um clima de expectativa, já que, desde o dia anterior, sabíamos que viriam. Manuel começou perguntando às crianças se sabiam o que era mergulhar, se reconheciam o traje de mergulho que trazia e seus componentes, por que achavam ser necessário colocar o traje, se sabiam o que era um polvo etc. Primeiro, muitos responderam contando as habilidades que têm no nado e no mergulho, e, em seguida, deram opiniões de acordo com suas ideias e suas experiências.

Laura disse que o traje era usado pelos mergulhadores "*para não se embrutar*" ("para não se sujar"). Pablo, que seu pai mergulhava, "*mas sem nenhum traje*". Daniel comentou que o mergulhador falava "*como um chinês*", não sei se pela voz distorcida que saía com a máscara colocada ou porque falava com sotaque argentino. Joaquín explicou que os polvos têm oito patas, e Laura adicionou que "*têm a boca embaixo*". Alexandra lembrou que "*se você estiver na água muito tempo, as mãos ficam 'velhas'*", e isso fez cada um comentar quando ocorre com eles: na banheira, na piscina, na praia... E Sira, inspirada por esse instante comovente, colocou-se a imaginar em voz alta esta pequena história: "*Um dia, eu vou ao fundo, fundo, fundo com o traje de mergulhador que meu pai vai comprar pra mim, ver se encontro um golfinho, vou montar nele, e ele vai me levar até a areia*".

Nosso mergulhador teve a oportunidade de escutar essas lindezas, e, também, algumas discussões sobre se existem ou não os piratas e as sereias. E foi dando resposta às perguntas das crianças, atendendo-as com calma e cuidado: "*Você encontra tesouros?*"; "*São dos piratas?*"; "*Você encontrou animais?*"; "*Viu um tubarão?*"; "*E uma baleia?*"; "*E golfinhos?*"; "*E anêmonas?*"; "*E baiacu?*"; "*Quando se move, os peixes seguem você?*"; "*Em qual mar você mergulha?*"; "*Onde você dorme?*"; "*Você gosta do seu trabalho?*"...

Depois, convidou a quem quisesse experimentar a máscara e explicou brevemente em que consiste seu trabalho:

> *Os mergulhadores nadam descendo até o fundo do mar para arrumar os barcos, cuidar dos peixes, procurar gasolina, consertar tubulações... Por isso, usamos esta máscara com lanterna e câmera, nadadeiras, para nadar mais depressa, e um cilindro de ar, para poder respirar. O traje é colocado para não sentirmos frio e para que os peixes, os polvos ou as águas-vivas não nos mordam. Com certeza, vocês sabem que os polvos gostam de coisas brilhantes, então, às vezes, tiram nossas ferramentas e as levam às suas tocas.*

Enquanto dizia isso, ia colocando o traje de neoprene. Como estava difícil, porque fazia calor, Iker disse de forma compreensiva: "*Para que você vai colocar o traje se aqui não tem água?*"; um simpático comentário que, com certeza, conseguiu aliviar o esforço. Quando, por fim, vestiu-se completamente de mergulhador, o resultado foi impressionante: a máscara, as nadadeiras, o traje, a mochila com o barulhento cilindro de ar... Parecia um estranho ser, alto, vestido de preto, forte. Um herói protetor que se animou a tomar nos braços as crianças que quiseram (e até a professora) para que pudéssemos sentir sua força de forma próxima e sorridente.

Ninguém estava à margem da situação, cada um se envolveu o quanto pôde: Manuel, por ter o mesmo nome do mergulhador; Eva e Pau, pela vontade de sair e participar em tudo o que era proposto; Emma, porque seu irmão tem óculos de mergulho; Sofía, porque dizia não lhe interessavam os mergulhadores; Irati, Marina e Claudia, pela cara de impactadas que estavam... Até fizemos algumas crianças da turma vizinha vir, os Elefantes, para que não perdessem o evento.

Diante da pergunta de se gostava de seu trabalho, Manuel, o mergulhador, respondeu:

– Sim, eu gosto de tudo, menos uma coisa: não ver todo dia minha filha, Sira, e minha esposinha.

– Mas vocês não se veem pela internet?

– Sim, mas não é como estar perto.

– Bem, mas você sempre volta, não?

– Sim, trabalho dois meses ou três e volto. Eu gostaria de não ter que ir tanto, mas, algum dia, assim será!

– Meu papai também volta quando vai embora – disse Aitana.

– E minha mamãe – adicionou Álex.

– Sim, os pais vão, mas voltam sempre para os filhos – concordou Aitana. Uma conclusão muito tranquilizadora para todos.

Tentando buscar um final, digo a Manuel:

– Então, se alguém lhe pergunta o que você faz, o que diz?

– Que sou "mergulhador", responde em seu total sotaque argentino.[1]

– Aqui pronunciamos diferente, esclareci, "bancando a professora". E ele tenta dizer "à espanhola" entre risos. Acabamos pedindo-lhe que nos mande alguma foto "do que via pelo mar", agradecendo-lhe e presenteando-o com um sincero aplauso por suas informações, suas piadas e seu carinho.

Desde agora... ajudaremos Sira a guardar sua ausência.

[1] N. da T.: em espanhol argentino, assim como no resto da América Latina, a pronúncia do "z" na palavra "mergulhador" ("*buzo*") é igual à do "c" e do "s". Para nós, seria como o som de "ss". Na Espanha, "s" e "z" tem uma pronúncia diferente, similar à do "*th*" em inglês.

Vamos brincar de Austrália?

Uma semana depois, veio Pablo, papai de Lola e ex-aluno da escola, para nos falar sobre a Austrália. Explicou-nos coisas sobre os cangurus; trouxe-nos umas pedras da praia de lá; mostrou-nos imagens de prados, árvores, desertos e outras paisagens magníficas. E, claro, mostrou-nos fotografias e vídeos nos quais se viam cangurus saltando a toda.

Enquanto falava (com um fantoche de canguru na mão), fazia perguntas às crianças, que respondiam com bastante sucesso, pois fazia duas semanas que estávamos vendo os costumes desses animais saltitantes que davam nome à turma:

–Vocês sabem onde fica a Austrália?

– Sim, é o país que mais longe está de Mutxamel.[2]

– E o que vocês podem me dizer dos cangurus?

– Que saltam muito.

– Que, quando nascem, sobem pela pata de sua mãe até a bolsa.

– Que os machos não têm bolsa.

– Que, às vezes, os machos brigam pela fêmea.

– Que vivem em manadas.

– Que os dingos[3] querem comer os cangurus.

– E as águias também querem.

–Vocês sabem o que são os mamíferos?

– Não.

– São os que mamam leite das mães, como nós e como os cangurus.

– Eu já não tomo leite da minha mãe, porque cresci.

[2] N. da T.: município da Espanha, da província de Alicante, Comunidade Valenciana. Está localizado a cerca de 11 km do centro da cidade de Alicante.

[3] N. da T.: espécie de canídeo do país, considerado o maior predador terrestre da Austrália.

Continua

Continuação

– Eu, de bebê, mamava muito.

– Minha mamãe vai ter um bebê que se chama Lola, e ela vai mamar.

Também falaram de viagens, que, algumas vezes, são para trabalhar, outras, "para visitar os primos", e outras, "para ver coisas bonitas".

– Vocês já viajaram alguma vez?

– Sim, a Port Aventura.[4]

– Para a Itália.

– Para Guardamar e Torremanzanas.[5]

– Para a França e Paris.

– Para a província de Guadalajara, e para a Bélgica e a Holanda, para ver o museu do van Gogh.

– Eu, para Cazorla.[6]

– Esse verão, fui para o Marrocos.

– Eu fui conhecer a cidade de Siena,[7] porque me chamo Siena.

– Eu para Astúrias.[8]

– Eu fui com minha mamãe ver peixes.

– Na Austrália, há desertos. Vocês sabem o que é um deserto?

– Sim, é areia.

– E calor.

– Não tem água.

---

[4] N. da T.: maior parque de diversões da Espanha, localizado em Tarragona.

[5] N. da T.: municípios espanhóis, da província de Alicante, Comunidade Valenciana.

[6] N. da T.: município da Espanha, da província de Jaén, Andaluzia.

[7] N. da T.: cidade italiana da região da Toscana.

[8] N. da T.: província da Espanha, considerada uma comunidade autônoma (Principado das Astúrias).

Outro tema que surge são os animais e suas façanhas. "*Porque, se os cangurus, se as águas-vivas, se os coalas, se os pássaros australianos...*" Pablo se adaptou muito bem às crianças, aceitando sem se surpreender nem se embaralhar de suas escapadas do tema, de suas alusões contínuas ao âmbito pessoal e de suas distrações. Levava os comentários das crianças totalmente a sério, escutava-as, ria, fazia piadas...

Dessa maneira, a sessão correu estupendamente: com boas informações, com o calor das experiências recentes transmitidas e com uma ramificação muito agradável. Pablo nos disse que o motivo de ir à Austrália foi para fazer teatro e que ele ama isso, porque, quando faz uma peça, sente-se como se fosse outro. Então, aproveitando semelhante ocasião, peço a ele que saia da sala e entre de novo "sendo outro", e ele improvisa para as crianças três cenas divertidíssimas.

Primeiro representa um novo professor de valenciano que chega à escola; depois..., um gato! E, por último, um rapaz que preparara um piquenique para aproveitar com sua namorada, que estava prestes a chegar. Mas, como a namorada não aparecia, ocorreu à professora aparecer na cena, terminando, assim, essa visita com ares teatrais e ao melhor estilo "Aire Libre".[9] Quando foram ao pátio, Lola propôs aos colegas: "Vamos brincar de Austrália?".

Quando se convida os pais para vir à escola, tudo são vantagens. Eles aproximam seu saber e sua experiência das crianças, abrem o apetite delas para descobrir coisas novas, permitem que elas os conheçam, presenteiam-nas com seus conhecimentos e seu carinho. As professoras estabelecem laços inusitados com as famílias, observa a relação de seus alunos com os pais, sua condescendência ao compartilhá-los com seus colegas... Ademais, esses encontros transmitem muita confiança às famílias, que se

[9] N. do E.: recorda-se que esse é o nome da escola.

sentem contentes ao entrar na turma de seus filhos e participar dela, de tudo o que envolve o ambiente educativo de cordialidade, de aprendizagem e de alegria.

11 Metamorfose

Fonte: Laura Rodríguez Bordoy
(Montevidéu, Uruguai).

Priscila se olha com toda a atenção colocada na descoberta dela mesma, de ser assim como é, de estar, de se sentir. Com sua mão gordinha, segura firmemente o instrumento maravilhoso que permite se olhar como os demais a olham. E o faz com comedimento, com profundidade, com calma.

O momento é importante. Até pouco tempo, apenas tinha suspeitas, impressões repetidas, ainda a confirmar. No entanto, hoje, parece ter chegado a entender; hoje, tem cara de estar tirando conclusões; hoje, seus olhos serenos e sua boca franzida iniciam um reconhecimento.

– Sou eu, sou eu! A que meus pais amam tanto, a que minha família acolhe e anima, a que meus vizinhos chamam da varanda, a que brinca, a que caminha, a que ri, a que come, a que fala, a que cantarola. Sou eu... Priscila.

De um tempos para cá, na linguagem pedagógica, diz-se que uma das funções principais do professor é o *acompanhamento* dos meninos e das meninas em seu desenvolvimento, em seu crescimento, em seus desejos de conhecer. *Acompanhar* vem de "*cum panis*",[1] e significa "comer o pão com o outro", ou seja, compartilhar algo importante que, no plano literal, ganha significado com o pão, necessário para a vida, e, no simbólico, seria o apreender ou pegar do exterior o que nos falta, o que não temos e desejamos ter, ou seja, a aprendizagem.

Neste fragmento do *Diário de classe*, aparece uma parte do acompanhamento dos meninos e das meninas de minha turma que estavam querendo saber como nasceram, como foram crescendo, quais tinham sido suas mudanças mais notórias, o que as esperava em seu percurso de vida... E se era verdade ou não isso de que tinham que morrer.

Todos os anos, surgem esses mesmos temas nas conversas, e, todos os anos, visto a capa de professora acompanhante e, com meus alunos, como o pão de suas tentativas, de suas procuras, de seus medos e de suas descobertas. É um querer saber que, às vezes, fecha os olhos "para não saber", ou um lançar-se para conhecer a jato, com obstinação, com a paixão adiante de si. De acordo com o que cada um vive.

[1] N. do E.: na etimologia em português, segundo o dicionário Houaiss, uma das prováveis origens da palavra *acompanhar* é do latim "*accompaniāre*", de "*companĭa*", no sentido de "conjunto de pessoas que comem seu pão juntamente".

***

Nesse ano, em minha turma de 23 crianças de 4 anos, houve uma intensa aproximação dos temas relativos ao ciclo da vida; em alguns deles, houve um verdadeiro sobressalto; em outros, uma esclarecedora descoberta; e, em vários, uma confirmação das hipóteses elaboradas em torno ao feito do nascer, do crescer, do viver, do morrer. Momentos importantes que apontam a uma evolução adequada, mas que, às vezes, custam "ser atravessados" e requerem um estreito acompanhamento.

Já nasceu minha irmã! E nasceu pelada!

Estávamos totalmente entretidos no projeto de arte, quando chegou Adriana, anunciando aos gritos que Lola tinha nascido... E que tinha nascido pelada! Sua empolgação e a notícia, há muito tempo esperada, provocou um alvoroço importante. Todos falavam de bebês, comentando histórias pessoais que, até então, eram privadas, próprias do entorno familiar, mas que, a partir desse momento, já faziam parte do grupo.

Houve quem revelasse que, de bebê, era careca e tinha as bochechas muito gordas; quem dissesse que a mamãe teve a barriga cortada, porque não queria nascer. Uma menina comentou que teve de ficar na incubadora; outra, que se mexia muito dentro da barriga e "*tinha o cordão enrolado no pescoço*"... O tema estava posto, então, enviamos um bilhete aos pais, pedindo-lhes uma foto de seus filhos quando eram bebês, alguma roupinha e uma foto das mamães grávidas, "*para ver se estavam gordas e bonitas*".

Ao pendurar as roupas que iam trazendo nos varais com seus pregadores correspondentes, a sala se transformou em uma completíssima feira de roupa de bebê. Também colocamos as fotos à vista e fomos comentando, comparando as caras de uns e de outros, as bochechas de antes e de agora, as gorduras ou as magrezas... Como Emma estava nas fotos dentro de uma incubadora, falamos o que eram. Pau chamava "*berço-ovo*", e Laura explicou que "*pelos buracos que tinha a caixa transparente, colocavam a comida e os brinquedinhos para os bebês*", que ela já havia visto com animaizinhos no trabalho de sua mamãe (que é bióloga).

Coletamos mais informações, pedindo aos pais que explicassem como seus filhos tinham nascido, e começaram a chegar uns textos maravilhosos, nos quais havia emoção, risadas, piadas... e muita ternura. Líamos pouco a pouco, e aproveitávamos com o conteúdo e com as caras que ficavam os protagonistas. Dessa maneira, soubemos que Álex "não queria nascer" e resistiu; que vários nasceram vermelhos, menos Aitana, que ficou azul; que seus arrotos "de bebê" eram enormes; que Iker esteve mal e também teve que ir para a incubadora etc. Acredito que foi uma boa ocasião para que as crianças soubessem como nasceram; para lembrar como eram de bebês, do que gostavam, como comiam e, sobretudo, para relembrar a alegria que toda a família sentiu ao conhecê-las.

Em suma, estivemos falando de bebês, de cordões umbilicais, de gravidezes, de partos e de outros detalhes e, além disso, aproveitamos para nos despedirmos de coisas que já não nos correspondiam, porque eram "de outras épocas": as mamadeiras, as chupetas, os paninhos, a teta, o carrinho, dormir com os papais... Despertaram muitos comentários, algumas regressões, cantigas populares e parlendas,[2] canções de ninar e algumas tristezas.

[2] N. do. E.: *juegos de falda*, no original. Trata-se de um jogo simples e repetitivo, no qual intervém o adulto com gestos, movimentos, linguagem e melodia, interagindo com o bebê a pouca distância, a fim de entretê-lo. Por exemplo, a brincadeira em que se canta "Serra, serra, serrador / Serra o papo do vovô". Em psicomotricidade, pode-se dizer que são jogos ou brincadeiras corporais ou de sustentação, porque a criança precisa do apoio do adulto. Optou-se por deixar "cantigas populares e parlendas", pois são atividades que se assemelham; no entanto, não há uma expressão correspondente em português brasileiro que abarque tanto o sentido da cantiga quanto do movimento.

Despedidas

– Estou triste, porque quero voltar a ser bebê.

– E eu também.

– Algo assim está acontecendo com você. Esses dias, você tem chorado ao se despedir da sua mamãe. Talvez tenha medo de deixar o paninho que você pega para dormir. Não é justamente hoje que vai trocá-la na loja por um pássaro que fala? Com certeza, depois, você vai desejar ser mais velho.

– Pois eu já tenho vontade. Quero ser mais velho, para ser forte. Que vão embora os que queiram ser bebês, que aqui já somos "Cangrus"!

– Eu quero ser forte e musculoso.

– Pois eu uso carrinho. Um dia, "coloqui" no carrinho todas as minhas bonecas e brinquei muito, mas, às vezes, eu uso o carrinho para não ter que andar.

– Eu também uso carrinho. Hoje, vim ao colégio em meu carrinho.

– Minha prima usa carrinho, e olha que ela está no Ensino Fundamental.

– E uma amiga de minha irmã que usa fraldas.

– Vocês já têm as pernas fortes, não precisam de carrinho.

– Eu, às vezes, tento tomar leite da teta da minha mãe, tiro a camiseta dela e tento.

– Eu já durmo em meu quarto sozinha.

– Sim, é verdade. E é que há coisas das quais é preciso se despedir, porque o tempo vai passando e já não nos correspondem mais. Às vezes, dá um pouco de tristeza deixá-las, como diz Lola, mas, em troca, podem se fazer coisas que os bebês não podem fazer, coisas de mais velhos.

Continua

Continuação

O que vocês podem fazer que os bebês NÃO podem fazer?

– Nós podemos correr mais rápido e pular mais alto.

– Os bebês não sabem jogar.

– Os bebês não podem usar tesouras.

– Nem andar, nem comer, nem ir pelo parque, nem ao cinema, nem andar de barco, nem andar de montanha-russa, nem comer torta...

– Os bebês não sabem falar.

– Nem que fossem à Myriam (a fonoaudióloga).

– E não sabem costurar.

– Nem a gente.

–Você que não sabe, porque eu costuro almofada.

– E não podem ir à escola, nem ao pátio.

– Nem ser fortes.

– Não podem escrever.

– Nem dançar, nem fazer judô, nem pular muito alto.

– Não sabem fazer massinha, nem pintar.

– Os bebês não sabem dizer "HOTEL".

– E podem se espetar com as tachinhas.

– Os bebês não sabem pensar.

– Não podem se fantasiar.

– Nem pegar facas.

– Os bebês não podem abrir portas.

E o que vocês podem fazer agora, que já não são bebês e que são maiores?

– Jogar.

– Pintar e ajudar a fazer a janta.

Continua

Continuação

– Eu gosto de fazer desenho para os Reis Magos,[3] jogar e fazer judô.

– Já eu, gosto de ir ao parque, jogar futebol e brincar de Lego.

– Eu, de comprar uma torta e uma pinhata.[4]

– Eu, de jogar jogos de mesa e futebol.

– Eu ensinei a mim mesma a martelar. Prestei atenção no meu pai, que martela muito, e já aprendi. Quando for meu aniversário de 5 anos, todos vocês fiquem perto e vão me ver martelar.

– Eu posso brincar na neve, e os bebês, não. Meu irmão ficou no carro e não queria nem sair pra neve.

– Eu posso colher flores, e os bebês, não.

– Eu posso pintar com terra colorida[5] e, também, andar de trenó, e os bebês, não.

– Eu posso jogar *videogame*, o *Star Wars*, e com controle!

– Eu posso jogar com meu papai.

– Eu, ir até Penàguila,[6] brincar com meu gato e dar a ele de comer.

– Eu, brincar com "meu bebê", mas ela ainda não sabe nem brincar.

– Eu posso ser doutora quando for mais velha.

– Eu, contar.

– Eu, ir viajar.

– Eu, brincar com minhas amigas.

---

[3] N. do E.: na Espanha, é costume as crianças fazerem uma carta aos Reis Magos, enumerando os presentes que querem, como muitas fazem ao Papai Noel no Brasil e nos Estados Unidos.

[4] N. do E.: é uma brincadeira em que se colocam doces e outras guloseimas em um recipiente decorado, pendurando-o. Para liberar os doces, com os olhos vendados, é preciso bater nesse recipiente, até quebrá-lo. No Brasil, há uma brincadeira regional do Nordeste bastante similar, chamada "quebra-pote".

[5] N. do E.: técnica ancestral que utiliza diversos tipos de terras de pigmentação diferentes.

[6] N. da T.: município espanhol da província de Alicante (Comunidade Valenciana).

Para terminar o tema "*bebês*", recebemos a visita de Lola, e a vimos dormir muito à vontade, e suportar o ruído no ambiente com grande desenvoltura. Durante o agradável tempo da visita, houve momentos muito engraçados, como quando perguntaram a Pepa, a mamãe visitante, se o seu bebê "*tomava 'teta', papinha ou mamadeira*", e ela não entendeu esta palavra, que é outra no espanhol argentino.[7] Como no momento que se aproximaram um a um para cheirar a bebê, em uma espécie de ritual respeitoso e relaxado, ou quando nos despedíamos, e Antonio disse a Lola: "*Adeus, jovenzinha!*".

Esse trabalho implicou fazer um bom acompanhamento, com Adriana na aventura de receber "sua neném" (e, também, Laura, que espera "seu bebê"). Também serviu para "se despedir" um pouco da primeira infância. Além disso, está muito claro, para aprofundar no conhecimento mútuo e na expressão dos sentimentos, que se coloriram de saudade e de emoções compartilhadas.

Dos bebês, passamos aos avós

Depois do trabalho sobre os bebês, começamos a preparar a festa dos avós. Com sua parte alegre: os presentes, os bailes, a decoração; e sua parte mais séria: as conversas sobre o transcorrer da vida, o tornar-se mais velho, o morrer. Falando dos avós, houve comentários engraçados, outros que falavam de um cotidiano bem vivido e compartilhado com os avós, e alguns mais transcendentes, de forma que o ambiente se alterou um pouco.

Algumas crianças descobriram que isso que falávamos de que "*tudo o que vive, morre*", como a pomba que morreu no pátio e foi enterrada no campo da frente, ou sobre os besouros ou as aranhas, que "*viviam e morriam*", também acontecia com as pessoas. E não lhes caiu muito bem. Estela tinha

[7] N. da T.: em espanhol peninsular, "*mamadera*", e, em espanhol argentino, "*biberón*".

certeza de que sua mamãe nunca iria ao céu, porque ela tinha lhe pedido que ficasse todo o tempo com ela. Pablo chorou várias noites em sua casa diante da ideia de que sua mamãe pudesse morrer. E Alejandra entrou em uma tristeza que não lhe passava, nem na escola, nem em casa. Verbalizava que ela não queria crescer, nem que sua mamãe "desaparecesse".

Tive que consolar, esclarecer e tratar de acalmar, dizendo às crianças que faltava muitíssimo tempo para que seus pais morressem, ainda que sem ocultar que "*a vida é assim*". Foram uns dias duros, em que mantive conversas com as crianças e com algumas famílias, emprestei textos e contos sobre o tema e tentei tranquilizar os pais dos mais afetados, dizendo-lhes que era normal esse tipo de reação em alguns meninos e algumas meninas quando começavam a compreender que a morte era um acontecimento que afetava a todos nós, e que não havia como "voltar atrás".

Mudanças próximas

Então, surgiu outro assunto que mobilizava várias crianças da turma:

– Estou muito nervosa pela vontade de ir pro terreno, pra minha casa nova, e abrir todas as caixas para pegar meus brinquedos. Agora, não me deixam, e eu penso: "*e se, um dia, eu abrir sozinha?*".

– Ou seja, mudar de casa pode nos deixar nervosos?

– Sim.

– E você, como se sente, Antonio? Seus pais me disseram que, ontem, vocês mudaram de casa.

– Estou feliz e orgulhoso! A casa tem brinquedos e quadra para jogar futebol.

– Eu também estou feliz, Antonio, e muito orgulhosa... de você – comentou com carinho Adriana, que está apaixonada por ele desde que chegou, com suas palavrinhas doces e seu sorriso radiante.

Continua

Continuação

– Primeiro, eu me mudei da Argentina para a Espanha, e fomos para Valência e outros lugares, mas, no final, ficamos aqui, porque temos um primo em Alicante.

– Isso, sim, que são mudanças: de país, de cidade, de comida, de maneira de falar, de colégio...

– Sim, mas, agora, estamos bem aqui, ainda que eu, às vezes, sinta falta dos meus avós, da minha casa, do meu colégio de antes, do meu time de futebol... Um dia ou dois, eu chorei.

– É natural, Antonio.

– Eu gosto da minha casa, sou feliz na minha casa.

– Eu também, eu também.

– Fico feliz. Isto é importante: ter uma casa onde você se sinta seguro, tranquilo e feliz. Mas vejo que alguns não disseram nada...

– É que eu não gosto da minha casa.

– E por quê? Já a vi por foto, e ela tem um campo maravilhoso...

– Não sei.

– Eu não gosto da minha, porque tenho poucos brinquedos.

– É mais importante ter família do que brinquedos, e você tem a que tem.

– Falta pouco para eu me mudar para outra casa, que terá piscina.

– Eu agora tenho duas casas, a do meu papai e a da minha mamãe.

– Jaume também fez uma grande mudança: mudou de colégio.

– Sim.

Quantas mudanças! E quase não tínhamos nos dado conta. É verdade o que diz Sira: que as mudanças nos deixam um pouco nervosos, sentimos a falta de pessoas, de brinquedos, de cantos, de momentos... E, embora ganhemos amigos novos, piscinas e outras coisas boas, perdemos

Continua

o que tínhamos, e isso nos deixa nervosos ou tristes. Inclusive, há quem se zangue. Ainda bem que podemos falar sobre isso, queixarmo-nos e despedirmo-nos do de antes, ou vê-lo em fotos. E, assim, vai passando nossa saudade, e nos acostumamos ao novo pouco a pouco.

Borboletas e libélulas

Em seguida, houve a proposta de temas para a realização de um novo projeto de trabalho, e o mais votado foi: *Borboletas e libélulas*. Logicamente, trouxeram de novo à tona a vida e a morte, ao ler o ciclo vital desses animais e ao nos informarmos sobre o quão pouco tempo duravam as borboletas. Também apareceram as mudanças. Aitana nos disse que seu papai tinha explicado que as borboletas faziam uma mudança muito grande em suas vidas, chamada *METAMORFOSE*. E isso nos levou a nos compararmos com elas e a falar das mudanças por que nós passávamos:

– Eu era gordo de bebê e, agora, sou magro.

– E eu era careca e, agora, tenho cabelo.

– Depois, teremos bigode.

– E pelos no sovaquinho e, também, embaixo, como minha mãe.

– Teremos que ir ao Ensino Médio e à natação.

– E nos casar, para termos filhos.

– Depois, você fica mais gordo, porque meu pai tem barriga.

– E, também, fica mais velho, como meu avô, que tem o cabelo branco.

– E, depois, você morre.

– Mas, como avô, você dura bastante, porque meu vô já é velho faz muitos anos.

Continua

Continuação

– As pessoas também mudam em outras coisas. Por exemplo, eu, antes, tinha medo de cachorros e, agora, não.

– E eu, da água do mar e da piscina.

– Eu tinha medo dos carros quando davam partida.

– Eu era ainda mais genioso do que agora.

– Pois eu, quando tinha 3 anos, queria voar, acreditava que podia.

– Alguns de vocês se batiam a todo momento e, agora, só discutem as coisas.

– Eu sempre queria vir pra escola com coroa de princesa e, agora, também quero, mas me conformo.

– Dormir sozinha me dava medo.

– Eu desenho melhor do que antes.

– Ou seja, nós também sofremos metamorfose...

– Pois claro que sim! Não vê o quanto eu mudei com o cabelo curto?

O projeto *Borboletas e libélulas* foi muito atrativo e muito bem vivido por todos. Várias mães vieram explicar coisas e fazer oficinas, fizemos teatros de borboletas, lemos contos e poemas, fabricamos máscaras e asas... Além disso, surgiram vários temas interessantes, como a camuflagem, a defesa, a duração da vida, as mudanças, a beleza, as diferenças, a fragilidade das borboletas, a força das libélulas etc. E, mais uma vez, pude comprovar que o que os meninos e as meninas querem é saber quem são e precisam disso; que se deparam com a vida, comparando-se às borboletas, aos seus pais, irmãos ou avós, aos colegas ou consigo mesmos.

Pergunto-me em que estamos pensamos nós, os professores, quando colocamos nossos alunos e nossas alunas a repetir informações que tantas vezes lhes são totalmente distantes e irrelevantes.

Pergunto-me se nossos objetivos passam por responder o que as crianças desejam saber, ou se eles vão se trombando no que o currículo indica, no que o coordenador demanda ou no que as modas pedagógicas nos vão apresentando a todo momento.

Pergunto-me por que não nos dedicamos a acompanhar as crianças em sua vital, curiosa e inesgotável busca por respostas sobre as coisas realmente importantes para elas.

12 Aos 5, dou um salto

Fonte: Marisa Serralta (Alicante, Espanha).

Vamos percorrer as praias e os montes, respirar o céu de outros lugares lindos.
Vamos caminhar por areias escuras, por vulcões extintos, por covas e por vales.
Vamos contemplar a luz das cidades, dos povoados pequeninos, das aldeias distantes.
Vamos desfrutar a cor das pessoas, o som de suas vozes, o belo que fizeram.
Vamos brincar, vamos saltar mil e uma vezes para seguir crescendo.

Como sabemos, aos 5 anos, acaba a etapa de Educação Infantil, e as crianças entram na reta final que conduzirá ao Ensino Fundamental. No entanto, ainda que vejamos nossos alunos mais altos e mais racionais, eles são tão crianças quanto sempre foram e precisam seguir brincando.

Ao longo da minha vida profissional, estive muitas vezes a cargo de grupos de crianças de 5 anos. Considero que é um trajetória muito linda no processo evolutivo, e penso ser uma sorte poder acompanhá-las nesse tempo de seu crescimento. Eu gosto de contemplar sua vontade de saber, suas tentativas e suas curiosidades. Gosto de vê-las brincar e jogar; observarem umas às outras; inventar; propor temas para pesquisar; construir; imaginar histórias; começar a ler, a escrever, a rimar e a sentir interesse pelos demais.

Farei um esboço agora sobre minha maneira de recebê-las, de trabalhar com elas, de preparar a aula, de me adequar às suas mudanças e de acompanhá-las em sua despedida da escola dos pequenos.

***

O salto

Ter 5 anos implica dar um bom salto do momento de conhecer e se somar ao mundo olhando, saboreando e tocando a realidade circundante ao de pensar sobre o que se percebe, expressar o que se pensa, relacionar umas coisas com outras, lembrar, antecipar, formular, perguntar, deduzir... Os meninos e as meninas dessa idade seguem com as características narcisistas da etapa, com suas tentativas socializadoras, com sua necessidade de brincadeira e de movimento, com sua autonomia crescente, com sua consolidação da linguagem. Entretanto, já começam a elaborar alguns princípios morais, a controlar seus impulsos, a integrar normas de comportamento e a se dar conta de seus sentimentos e dos das demais pessoas.

Vão passando da magia à lógica pouco a pouco, com progressos e retrocessos. E, paulatinamente, consolidam sua capacidade de tolerar as contrariedades enquanto vão se formando como pessoas diferentes que *habitam seus próprios territórios*. Para isso, tiveram que desfrutar de bons vínculos de afeição, de carinho e de regras, ao mesmo tempo que valorização e incentivo para adquirir o suficiente nível de confiança em si mesmas, que permitirá a elas se aventurarem no crescer, no aprender e no compartilhar.

Aos 5 anos, e até antes, meninos e meninas se perguntam e nos perguntam pelos temas importantes da vida, os que se consideram básicos, mas dos quais nem sempre lhes falamos com clareza. Do nascer e do morrer; do mandar e do obedecer; do ganhar e do perder; das brigas, das doenças, das tristezas, do sexo, dos amigos e dos inimigos... Mostram um grande interesse por saber, ainda que sua pretensão seja aprender as coisas que lhes suscitam desejo ou curiosidade em um "momentinho", sem esforço algum e, também, de forma divertida e maravilhosa. Isso ocorre porque ainda agem movidos pelo princípio do prazer, até que tenham aceitado que há outro princípio para reconhecer e encaixar-se, que é o princípio da realidade. Por essas impaciências, esse desejo de triunfo até a morte e esse narcisismo que mantêm, costumam tolerar mal os erros, as dúvidas, as ignorâncias e qualquer frustração.

A passagem ao Ensino Fundamental, quando se situarão em um novo lugar, será uma boa ocasião para constatar que ocuparão posições menos vantajosas, ao menos aparentemente. Verão que passaram do desfrute de ser "os maiores" à insegurança de ser "os menores" da escola. Como se isso não fosse o bastante, seus dentes começam a cair, fato que atua como símbolo da queda da onipotência em que viveram imersos até o momento. Desse modo, ingressam no Ensino Fundamental banguelas, um pouco menos valentes e inclinados à sua recolocação, e, ali, iniciam, outra vez, uma escalada que as levará a serem as crianças grandes que anseiam ser.

Acompanhá-las na transição em direção a uma nova etapa evolutiva implica estarmos atentos às suas características, para que abandonem seus anos de primeira infância com bagagem suficiente de prazer e completude de que precisam para seguir adiante de forma saudável. Digo isso porque, às vezes, esquecemos que estamos falando de *meninas e meninos pequenos*, e ao vê-los tão crescidos e tão hábeis com as máquinas, colocamo-nos a lhes lançar saberes e tarefas como se estivessem na universidade.

Considero que é imprescindível que as crianças de 5 anos tenham tempos e espaços para brincar, jogar, cantar e dançar, para se fantasiar, fazer peças de teatro, escutar contos e poemas, pintar, fazer experimentos, falar, mover-se, cozinhar, passear pelo campo, contar, inventar, pensar, repousar em alguns momentos e fazer amigos.

Se têm essas necessidades cobertas, serão lançadas em direção às aprendizagens com desejo, com entusiasmo e com alegria. Senão, talvez, mostrem-se desiludidas, apáticas, rebeldes, alteradas, tristes ou sonolentas, perdendo a vontade de aprender, de estarem ativas e de aproveitar a escola.

O prévio

Há algumas questões que são prévias no momento de começar a pensar em como considerar o trabalho em uma turma de crianças de 5 anos. Aludem a como concebo a educação nas primeiras idades, a como penso que deve ser a aproximação ao saber, a como incluo os sentimentos e as relações no dia a dia. Enfim, a como é a escola de encontros e de prazer que desejo e até a qual tento chegar.

São questões importantes, de base, de concepção educativa, de metodologia. No entanto, não poderei entrar nelas com a atenção necessária porque não são o objetivo concreto deste texto. Apenas direi que meu modelo educativo fala de uma escola amável, próxima das crianças e das suas famílias. Uma escola na qual se fala e se escuta; na qual se contemplam as diferenças; na qual se permite o movimento, o prazer, a criação; na qual se potencializam os vínculos e se conta com as vicissitudes tanto do mundo emocional quanto do mundo da aprendizagem. Uma escola na qual trabalhamos "ao estilo construtivista", com uma aproximação clara à natureza, com um enraizamento no entorno e no mundo da arte (literária, plástica, musical, teatral etc.), dando a palavra aos meninos e às meninas para proporem, contarem e expressarem as suas ideias e as suas necessidades.

Para começar, levo em conta um enquadramento referencial básico, que formará a estrutura que sustentará as aplicações metodológicas concretas. Se pensar como se fossem os pés de uma mesa, um deles seria a *Ley de Educación*[1] vigente em cada momento, com o currículo a cumprir e as orientações para sua implementação. Outro dos pés seria o modelo educativo, refletido na planificação geral da escola: o projeto educativo, o programa curricular e suas atualizações. Um terceiro pé seriam as características do processo de desenvolvimento das crianças dessa idade. Por fim, o quarto pé seria a análise do grupo específico do qual serei professora, e que faço com base nas informações coletadas da professora do ano anterior, dos pais e dos relatórios finais.

Depois disso, entretenho-me em empreender a montagem física e emocional da minha sala. No verão, começo a preparar, leio livros, penso quais cantos colocarei, como organizarei o espaço e o tempo, quais trabalhos novos gostaria de fazer, quais contos e quais materiais escolherei, anoto propostas para comentar com as colegas etc. E, tudo isso, vou anotando no *Diário de classe*, que inicio para esses assuntos. Se já estive com o grupo anterior, tudo é mais simples; sei do que gostam e do que precisam. Se o grupo for novo, para mim, surge o incentivo para inventar um ambiente que seja agradável a todos para facilitar o encontro.

Ao selecionar os recursos e decidir a localização de cada coisa, penso nas crianças que irão àquela sala, em como serão, o que as atrairá mais,

[1] N. da T.: *Lei de Educação*, em tradução livre. A *Ley Orgánica de Educación* espanhola de maio de 2006 foi modificada em dezembro de 2020, considerando as diretrizes das Nações Unidas, fazendo uma nova redação para a Educação Infantil, incorporando a cultura da infância à legislação vigente.

como se comportarão... Também penso em mim, em como conseguirei, desta vez, vincular-me com cada uma delas, em como as receberei, em como lhes apresentarei meus gostos, minhas regras, minhas necessidades e meus costumes. E, na espera, começa a se gerar o início do que depois será nossa relação. É como esperar uma criança, porém, mais curto.

Algumas crianças, eu conheço de vê-las nas peças, no pátio ou nas oficinas mistas (agrupamentos interníveis); outras, conheço porque tive como aluno algum irmão; outras, ainda, são novas na escola, e apenas sei delas o que me contaram seus pais. E, embora eu sempre considere a criação de uma trama de grupo amistosa, atrativa, potente e confiável, sempre há dúvidas e certa insegurança que me fazem me perguntar se a ideia dará certo. Nesse momento, às vezes, encontro uma música que me inspire e que eu gostaria de mostrar às crianças. Outras, um conto que acredito que elas gostarão, um quadro ou um jogo interessante. E vejo que já não posso evitar levá-las em conta. Aí, começa, então, a montagem interna de minha aula. Com elas..., embora ainda não estejam presentes.

De uns anos para cá, tenho confeccionado um livrinho que se chama *Nós*, o qual mostra a história do grupo que inicia a etapa. Tem um texto breve, mas significativo, que fala do que eu ofereço e proponho a elas, e algumas ilustrações que faço em forma de colagem com recortes de revistas de todo tipo, pequenos objetos pendurados ou colados ali e fotos das crianças, facilitadas pela professora do ano anterior ou pelos pais. Cada página apresenta uma paisagem ou um ambiente, cada criança se destaca bem, se possível, com coisas que sei que eram de seu agrado e, caso contrário, com coisas que encontrei e que são divertidas ou bonitas. Algumas aparecem individualmente, outras, em grupos, de acordo com as imagens que encontro ou as informações que tenho.

No primeiro dia de aula, leio o livro para elas, o que costuma ser um êxito tremendo. Pedem diariamente que o leia e o memorizam. Ao final do ano, há crianças que o leem de verdade e se maravilham ao conseguir fazê-lo. Serve como presente para uma relação que começa; serve como algo que une o grupo, como linguagem comum, como recordação dos que já não fazem mais parte do grupo. Serve como afago, como cumplicidade, como proposta, como piada... Quando os pais vêm buscá-las nos primeiros dias, as crianças o mostram, eles notam a satisfação de seus filhos e se alegram ao ver que estamos nos conectando. Em suma, tudo são vantagens. Ao final do ano, fotocopio o livro para cada um, e o levam, como forma de despedida, com um poema pessoal. O de cada um e o do grupo, pois ambas as coisas são importantes.

O deste ano diz assim:

Nós

Era uma vez uma escola que se chamava Aire Libre. Nesta escola, tudo estava indo muito bem. Podia-se falar, jogar, brincar, rir, comer, pintar, ter amigos, aprender, cozinhar, cantar, discutir, dançar, fazer peças de teatro e se vestir de várias cores. O que não se podia fazer era brigar e bater (nem se deixar bater). Tampouco alguém podia zombar dos colegas, matar insetos, dar rasteira, não recolher os brinquedos e não trabalhar.

Nesta bonita escola, havia alguns meninos e algumas meninas que iam à turma dos Golfinhos, e a sua professora era Cari. O tempo foi passando, e cresceram muitíssimo, desse modo, no ano seguinte, passaram à turma dos Elefantes, e sua professora foi Mari Carmen. Bem, todos, menos alguns que trocaram de colégio: Manuela, Jorge, Marc, Alejandro, Laura e Diego. Como estamos certos de que vamos sentir muita falta deles, nós os incluímos aqui, para continuar recordando deles.

Todos os Elefantes nasceram no ano 2004, por isso, esse ano é considerado muito importante. Neste livrinho, que se intitula *Nós*, vamos vê-los fazer todo tipo de coisas, porque, como todas as

Continua

Continuação

pessoas são diferentes, também gostamos de coisas muito variadas. Às vezes, seus gostos e passatempos coincidem com os dos amigos, e, outras vezes, não, porque... cada um é como é.

Samira gosta de levar seu boneco para passear pelos jardins sem medo do tucano, nem do papagaio.

Priscila e Lucía S. gostam de se pendurar em uns galhos altos e espiar o que acontece no campo.

Alexis gosta de ir ao bosque ver o pássaro Arco-Íris[2] que se tornou seu amigo.

María gosta de cozinhar pratos deliciosos com seu avental e seu jogo de luvas.

Paula e Adrián treinam para estar fortes e ser bons esportistas.

Felipe gosta de viajar pela China em um lindo barquinho.

Carla gosta de fazer teatro e de se fantasiar de Chapeuzinho Vermelho.

Jero e Antonio se refrescam em uma cachoeira enquanto observam um elegante pescador.

Lucía M., Pablo e César se atrevem a segurar uma serpente que encontraram ao lado de um rio.

Aixa e Luli gostam de dançar ao estilo chinês.

E Mari Carmen e Ariana, de se enfeitar e ficar paradas como estátuas.

Que boa é a vida para um "Elefante" da Escola de Educação Infantil Aire Libre! Como vamos nos divertir!

Com um sorrisinho bem colocado na cara... e de pouquinho em pouquinho.

FIM

[2] N. do E.: provavelmente, trata-se do pássaro abelharuco, bastante presente na Espanha, cujas cores variadas, a razão de sua alcunha, distinguem-no de outras espécies.

Começando a planejar

Este ano, selecionei as cores laranja, verde e amarelo para ambientar a sala. Dessa forma, as cortinas, as toalhas de mesa, o mural, os pratos e copos da cozinha, os potes e as bandejas para os gizes de cera e as canetinhas são dessas cores. Tudo combina. Eu gosto de entrar em minha sala e me sentir bem confortável: passarei muitas horas ali. E gosto de que os meninos e as meninas se sintam bem acolhidos, em um espaço alegre, organizado e cheio de cor. Espero que o ambiente ajude, anime e colabore a criar esse clima que pretendo.

Coloquei uma sapataria que começou sem nome e sem sapatos. Tinha um balcão com uma calculadora, uma caixa registradora, dinheiro fotocopiado e um telefone. Agora tem o par de sapatos que trouxe cada criança, uma lista de preços e um nome: "SAPATARIA ESPANHA". Os cartazes com o nome e os preços foram confeccionados por Carla e César, que já sabem escrever. Como costuma ter muita procura para comprar nela, ensinei as crianças a perguntarem quem seria o "*último da fila*". Eu amo ouvir como perguntam, em tom "bem-educado": "*Quem é o último, por favor?*".[3]

Agrada-me que tenha um ou dois cantos novos, além dos típicos. Isso implica uma distração e me faz voltar a comprovar as utilidades e o prazer do lúdico. Às vezes, esses cantos surgem em algum projeto de trabalho e permanecem. Outras, são idealizados por alguma criança ou grupo de crianças. E, outras vezes, ainda, eu mesma os proponho. No ano passado, montamos uma agência de viagens, que surgiu no projeto sobre o mundo; no anterior, uma escola. Em minhas aulas, já houve bares, escritórios, restaurantes, cabanas, naves espaciais, barcos, trens, hospitais, academias,

[3] N. da T.: no original, a autora fala sobre "*pedir la vez*", que é um hábito em alguns estabelecimentos espanhóis que não utilizam um sistema de fila ordenada com uma pessoa atrás da outra, fazendo os clientes esperarem e verem quem seria o último a ser atendido, algo que, no Brasil, em geral, pode ser observado pelo sistema de senha.

um sofá... E, até mesmo, uma cama. Cantos para se divertir com uma brincadeira simbólica prazerosa e festiva, cantos para desfrutar e compartilhar.

Também estão os cantos de sempre, que continuo achando interessantes e necessários: um canto da casa (com cozinha, bonecos, mesa...); uma garagem; um lugar para construir com espaço e materiais estruturados e não estruturados; uma estante com elementos naturais e de experimentação (pedras, folhas, conchas, imãs, lupas, caleidoscópios...); um tesouro (com "ouro", "prata", "pérolas" e outras miçangas); uma mesinha especial, com os livros de poesia e o conto da semana (que vem envolto em uma mantinha); a biblioteca; o baú das fantasias; a caixa dos panos, a dos óculos, a dos livros confeccionados em aula; um móvel com jogos de mesa e quebra-cabeças e outro móvel com todo o material de artes plásticas (tanto o habitual quanto o de recursos variados: telas, recortes de papel ou de cartolina, fios, pequenos objetos, grãos, café, algodão, botões, purpurina etc.).

Presto atenção à seleção de cada conto, livro, dicionário, revista ou catálogo que há em minha aula. Preocupo-me com as músicas que colocarei para meus alunos e minhas alunas ouvirem e com os jogos de mesa, os pôsteres de arte que colocarei pelas paredes, os mapas e o material para trabalhar matemática, projetos, expressão ou leitura. Na verdade, preocupo-me com tudo o que penso que possa contribuir para que estejam alegres, ativas, concentradas e abertas à aprendizagem e às relações. Embora isso envolva ter uma grande quantidade de fofocas. Vale a pena.

Dinâmica de trabalho

A dinâmica de trabalho que costumo propor segue as duas linhas já nomeadas: a do trabalho afetivo e de grupo, e a do trabalho das aprendizagens.

Na primeira linha de trabalho, situo o que se refere aos afetos e às relações. Pensando nas crianças como pessoas, com suas características individuais, incentivo-as a construírem sua própria identidade, a entenderem as diferenças entre elas, a construírem uma boa autoestima, a tolerarem, a serem autônomas, a se conhecerem e terem confiança em si mesmas. Pensando nelas como grupo, busco conseguir um ambiente seguro no grupo, no qual todas se sintam incluídas e que as regras sejam aceitas. Estimulo a procura de um lugar pessoal no cerne do grupo, encorajo as relações, tento entender os papéis que as crianças vão assumindo e propor a livre circulação da palavra. Pensando nelas como parte de subgrupos, procuro estimular as amizades e os pequenos grupos, sugerir a troca de papéis, respeitar as diferenças, esperar as mudanças e abrir caminhos para que elas próprias possam viver em grupo.

Pensando nelas como parte de uma família, convido-as a explicarem as coisas de casa, se assim desejem, para que possam comentar suas proezas e suas dificuldades, para que vejam uma comunicação fluída entre pais e professores. Pensando nelas em sua relação comigo, tento criar um vínculo com cada uma, estabelecer um ambiente de escuta, delimitar e manter as normas, propor relações de afeto e de transparência, destacar o que percebo que acontece e oferecer, por meio da relação que estabelecem comigo, uma intersecção entre afetos e saberes.

A segunda linha se refere às aprendizagens, com base nos temas que escolho ao começar o ano para conseguir uma conexão com o grupo: verificar a origem de seus nomes; fazer questionários sobre a casa, a família e os irmãos; trazer seu brinquedo, conto ou música preferidos e os apresentar aos demais; aprender sobre o animal que dá nome à turma; aprender uma dança; organizar um espaço etc.

Com as metodologias próprias da linha pedagógica de minha escola: brincadeira livre, psicomotricidade, criatividade, oficinas, grupos mistos, poesia, conto, música, teatro, experimentação (tentativa e erro), expressão plástica e aproximação significativa da leitura, da escrita e dos números. Com os procedimentos para conhecer e dominar. Com temas e formas que são propostos com base no projeto educativo. Com o projeto coletivo anual de arte (*Una mirada al mundo del arte*),[4] o projeto coletivo sobre

[4] N. da T.: *Um olhar ao mundo da arte*, em tradução livre.

música (*Mayo musical*),[5] as festas, o teatro das sextas-feiras, as excursões, as visitas e as colaborações dos pais. Com os temas que as próprias crianças selecionam e trabalham em grupo como projetos de trabalho. Com os acontecimentos que surgem no dia a dia. Com os temas próprios do ciclo e do nível: língua valenciana, língua estrangeira, oficina de informática e oficinas interníveis.

Em relação à aproximação à leitura, devo dizer que cada ano é uma autêntica aventura, porque os caminhos de hoje não são "os de sempre". Diferem daqueles de "*'m' mais 'a', 'ma'*". Diferem da obrigatoriedade e da rigidez. Diferem do aprender "no grito".[6] Diferem de ir do fácil ao difícil. E diferem, simplesmente, porque o que fazem é justamente o contrário: que meninos e meninas deduzam. Em outras palavras, que tirem conclusões com base no que sabem; que confirmem hipóteses; que generalizem; que descubram.

"*Isso não pode ser nome, porque tem muito poucas letras*", dizia com firmeza Ángel há alguns dias, apontando o nome de Ian. "*Claro que é nome, porque sou eu*", respondeu-lhe Ian, seriamente. Essa discussão revelou que a hipótese de Ángel sobre os nomes, de que, para o serem, devem ser suficientemente longos era compartilhada por várias outras crianças. Também nos levou a contar as letras dos nomes de cada um, anotando-as em um gráfico e a procurar "*as palavras menores*". Encontramos: *ir, um, sim, não, Sol, eu, tu, cão*. Mas a que ganhou o concurso foi *e*.[7]

E, entre seus nomes, a coleção de palavras, os títulos dos contos, as palavras que aprendemos nos diferentes projetos de trabalho etc., vamos adquirindo certo manejo, certo costume de pensarmos juntos como é isso de escrever e como fazer para ler. Prestamos atenção em como soam as letras, em como se escrevem, em como se combinam. Vemos com quais outras letras se parecem, em quais nomes estão contidas, como fazê-las com

[5] N. da T.: *Maio musical*, em tradução livre.

[6] N. da T.: no original, "*a golpe de pito*", que seriam aquelas pessoas que mandam como se tivessem com um apito nas mãos, muito ditatoriais e exigentes a todo momento.

[7] N. da T.: no original, "*ir, un, sí, no, Sol, yo, tú, bus*" e "*y*".

mais facilidade. E, quando nos distraímos um pouco... Alguém começa a ler. Com estranheza. Com alegria. Algumas, com um pouco de vergonha; outras, com vontade de cantar o que liam aos quatro ventos. Mas todas com enorme satisfação.

Na próxima semana, começaremos, em minha turma, um trabalho sobre "nossas camas". Cada criança trouxe uma foto na qual aparece deitada. Algumas estão dormindo; outras, acordadas. Algumas aparecem rodeadas de pelúcias; outras, com seu boneco preferido. Há quem compartilhe o quarto com um irmão, quem durma sozinho e quem traga duas fotos, porque tem uma cama na casa de seu papai e outra na casa de sua mamãe. Ao trazer as fotos, já começam a contar sonhos, a se queixarem dos irmãos, a explicarem qual é seu conto favorito...

Minha intenção ao apresentar essa proposta era a de que contassem coisas sobre elas, que se mostrassem para que as conhecêssemos, que nos tornassem partícipes de seu universo familiar e de algumas de suas intimidades. E, embora eu suponha que também aprenderemos muitas outras coisas, acredito que o principal será acender essa faísca que dará início ao nosso encontro.

13 O jogo secreto

Fonte: Equipe de imagem e som UA (Alicante, Espanha).

Na pequena infância, também há segredos. Costumam ser atrativos, divertidos e sedutores. Ocultar algo dos adultos supõe ter certa autonomia, e isso faz se sentir mais velho e proporciona uma agradável sensação de força e de prazer.

No entanto, apesar de os segredos serem um indicador de crescimento e, em geral, de não serem assuntos de grande importância, às vezes, podem ter consequências não convenientes, portanto, eu acredito que é melhor estar perto e indagar, para decidir se vou intervir ou não, ou de que maneira fazê-lo. Mesmo correndo o risco de parecer um pouco intrometida...

Conto aqui um fato que se descobriu quase ao final do ano letivo e que nos manteve, pais e professoras, ocupados e preocupados, até que se conseguiu desvendar o ocorrido e começar a pensá-lo. Por sorte, não tomou grandes proporções, mas nos deu um belo susto.

Isso se deu em razão de uma conduta de ataque vivida em grupo, com o agravante da clandestinidade amedrontadora. Claro que pode ser, simplesmente, uma luta de braço dessas que os filhotes de qualquer espécie fazem para "se comparar" e conhecer suas possibilidades e sua força, mas também pode ser uma demonstração de violência incontrolada, na qual podem ficar presos tanto o que agride quanto o que é agredido. Acredito que não é necessário nos alongarmos de forma desproporcional, mas, sim, observar se as "tentativas de briga" das crianças estão mais ou menos dentro dos limites da normalidade ou se a ultrapassam, transformando-se em uma repetição ou em um excesso, o que faria pensar mais em uma detenção evolutiva do que em outra coisa.

Quando uma criança está sempre preparada para o ataque, o insulto, o empurrão ou o aborrecimento, isso faz pensar que algo está acontecendo com ela, algo que a sujeite a alguns impulsos que não lhe permitem aproveitar as relações com os outros com a facilidade suficiente. Seria bom ter um olhar atento a essas crianças envolvidas em um comportamento cruel, olhar sua história, sua criação, sua experiência escolar. Indagar se tiveram suficientes vínculos, escuta, acompanhamento, afeto, e tentar remendar, no que for possível, a situação...

***

Aos oito dias do final do ano letivo, e da etapa em que se encontravam, surgiu, em minha turma de 19 meninos e meninas de 5 a 6 anos, um último acontecimento em grupo que coloca em xeque pais e professoras por seu conteúdo, sua força e suas implicações.

Na reunião de pais, comentei que as crianças estavam bastante agitadas e que, na hora de jogar futebol, aconteciam aborrecimentos, golpes e desvalorizações no estilo que se escutam nas partidas: "*Você é muito ruim*", "*Você é um saco*"... Isso nos tinha levado a deixar apenas dois dias da semana para jogar futebol; do contrário, alguns meninos não jogavam outra coisa e se alteravam. Discutiu-se sobre se a causa desses comportamentos era realmente o futebol, esporte de grupo que, se bem dirigido, fomentava o trabalho em equipe, como afirmava um dos pais, ou, se havia outros motivos, como a influência da televisão, dos jogos eletrônicos (jogos de tela), dos irmãos mais velhos, da permissividade, do estresse...

O pai de uma das crianças, em tom de preocupação, contou, então, que seu filho lhe tinha dito que os meninos tinham um jogo secreto no pátio, e que o faziam escondidos, para que as professoras não os vissem. O jogo consistia em "*ver quem é que aguenta mais socos*", ou seja, bater-se de mão cheia, e pelas nossas costas!

Em um primeiro momento, minha reação foi de espanto e de negação. Era impossível que isso acontecesse estando todas as professoras presentes. Temos o pátio (de quase 5.000 metros) dividido por áreas, a fim de vigiar melhor as crianças. Entretanto, logo duvidei de minhas certezas e decidi fazer algumas sondagens. Assim, no dia seguinte, fui chamando de um em um os meninos para falar do assunto, de forma que não pudessem dizer do que estávamos falando enquanto não terminássemos.

Chegavam um pouco estranhos, porque a forma como organizamos para que não contassem uns aos outros o que falávamos era nova. Contudo, passado o primeiro momento de estranheza, já se sentiam bem e conversavam tranquilamente comigo. Eu comecei explicando a mesma coisa a cada menino: que tinha tomado conhecimento que estavam fazendo um jogo secreto, que não entendia onde estavam fazendo isso, que estava preocupada etc. Então, adaptava-me às respostas e ao ritmo de cada um, para tentar saber se era ou não verdade isso do jogo, em que consistia, quem participava, o que pensavam sobre ele etc.

Resumo aqui as informações recolhidas:

- Todos reconheceram que o jogo estava, sim, acontecendo, menos dois meninos que disseram não saber de nada (ainda que os demais também os tivessem mencionado como participantes do jogo).
- Não havia quem batesse e quem apanhasse, mas, sim, todos faziam as duas coisas. Contudo, esclareceram-me que alguns "*batiam mais forte*", e que brigavam de dois em dois (menos mal – eu já tinha imaginado cenas de vários contra um).
- Cada um dizia os participantes, ou seja, todos os meninos, ainda que não na mesma frequência, nem nível de envolvimento. As meninas não participavam do jogo.
- Sobre a autoria da invenção, foram três os nomeados, que, curiosamente, "*não se lembravam*" de quem inventara o jogo.
- Um menino opinava que o jogo "*era divertido*"; outro, que "*todos gostavam de brigar*", e os demais diziam que eram um jogo "*ruim*".
- Houve quem se aproveitasse para apresentar queixas pessoais: "*Ele me bateu muito forte, mas não pelo jogo, mas, sim, porque tinha se zangado antes, que eu vi*".
- Dois meninos tinham interesse em deixar claro para mim que advertiram os outros para que não fizessem esse jogo, mas não lhes deram ouvidos.
- Em relação ao lugar, nomearam três lugares de esconderijo: no túnel grande, atrás do trem e no pátio pequeno. Três lugares, de fato, de difícil visibilidade para as professoras e que, de agora em diante, teriam que ser mais bem vigiados, uma vez tomado conhecimento de que podem ser os pontos cegos do pátio.
- As atitudes dos meninos ao responder minhas perguntas variavam entre a naturalidade, a vergonha, a adulação e a culpa.

- Sua linguagem corporal confirmava suas palavras: havia quem me olhasse nos olhos, quem abaixasse a cabeça, quem se alterasse e se agitasse muito, quem falasse docemente, quem tivesse cara de preocupação.

Ao final de cada conversa particular, eu dizia minha própria opinião sobre o jogo: que podiam se machucar, que estavam fazendo algo que não deviam (se bater e enganar as professoras), que ficavam nervosos e que, além disso, podiam se acostumar a bater e a apanhar, e isso não lhes convinha em nada, porque era perigoso. Também lhes anunciava que, a partir daquele momento, o jogo estava oficialmente proibido.

Analisando brevemente

O grupo do qual falamos está formado por 11 meninos e 8 meninas. Todos, menos um, têm irmãos, alguns dos quais são adolescentes, e outros, pré-adolescentes. Doze são os mais novos da casa; um é o do meio. É um grupo muito autônomo, criativo, participativo, sociável, investigador, falante, com boas capacidades para aprender e para se expressar. Também são fortes e competitivos, gostam de se comparar e de se confrontar entre si, desafiar o adulto com comportamentos de boicote à tarefa e descumprir as regras, que realizam com lentidão, protestos e pequenos ataques ao estabelecido.

Assim, deduzo que um dos meninos propôs esse "jogo secreto", o qual apreendia de um modo tão completo os desejos de muitos que todos acabaram se metendo nele sem pensar. Porque, além do excitante de se bater e se medir as forças, esse jogo tem um ponto muito claro de transgressão às regras. Como eles sabem que não queremos que se batam, o jogo se faz à margem do adulto, "clandestinamente". E isso também satisfaz esse grupo, que tende a ir ao limite das regras, que se percebe potente, e que se esforça para crescer sempre que pode.

Em suma, no jogo secreto, há componentes muito atrativos para esses meninos: competição, transgressão, segredo, desafio ao adulto, forte sensação de pertencimento ao grupo, além de uma manutenção dos papéis habituais (os que inventam e mandam no jogo, e os que o seguem), o que fornece segurança aos membros do grupo, por ser o comportamento de costume.

Apesar disso, gera neles: uma excessiva excitação; que se habituem a bater e a aguentar golpes como se isso não tivesse importância; que se perpetuem os papéis fixos (dos quais, em geral, muitos se queixam); que gostem em excesso do risco da transgressão; que o desafio ao adulto se transforme em meta (ao menos, para alguns); que isso provoque um deslocamento de seu lugar de crianças; que os conflitos não resolvidos entre eles parem aí e se resolvam de maneira descontrolada...

Paramos para pensar

Nós, professoras, ficamos bastante balançadas com esse acontecimento relacional. Por um lado, sentimo-nos postas em dúvida por não termos visto nem percebido que algo estava acontecendo no grupo dos mais velhos da escola. Nossa atitude no pátio sempre é bastante ativa e cuidadosa, bem como flexível, já que parte da confiança e do respeito às brincadeiras das crianças. No entanto, ao chamar a atenção para o que acontecia nesse jogo feito às escondidas, surgiu a ideia implícita de se havia suficiente vigilância no pátio. O caso é que sentimos uma sensação de certo incômodo, que pudemos superar ao notar que não havia crítica, mas, sim, uma preocupação pelo tema das agressões.

Por outro lado, constatamos, mais uma vez, mas, agora, "com público", que não podemos tudo, que nos escapam coisas na observação e no tratamento das dinâmicas de grupo. E esses questionamentos atacaram nossa onipotência docente, expondo as múltiplas dúvidas que diariamente temos com respeito à intervenção. Seria providencial respeitarmos por completo a brincadeira livre no pátio ou teríamos que fazer alguma outra coisa? Teríamos que ser mais contundentes na demanda do cumprimento das regras? Como teríamos que encarar os limites das lideranças que levam o grupo a comportamentos arriscados, sem que isso suponha uma desvalorização pessoal? Como animar cada um dos meninos e cada uma das meninas e o conjunto do grupo para que sejam autônomos ao decidir, e não simplesmente acatem qualquer proposta de jogo?

Perguntamo-nos, também, se não teríamos levado o assunto de forma muito radical, já que essas "tentativas de brigas" poderiam ser vistas apenas como "brincadeiras de crianças", tal qual já consideramos em outras ocasiões. No entanto, fazia um tempo que notávamos um especial estado de excitação, de discussões e de barulho no ambiente desse grupo específico que não conseguíamos entender, nem parar, e que nos fazia pensar que algo estava acontecendo. E, com certeza, as notícias sobre o aumento dos comportamentos agressivos na adolescência podem ter influenciado nossa preocupação.

Na turma, fiz uma explicação sobre o ocorrido. Por um lado, para que as meninas tomassem conhecimento; por outro, para que os meninos escutassem o "resultado" de minhas indagações, com a correspondente descoberta do segredo do jogo e do firme pedido de clareza em sua forma de agir. E, também, para que todo o grupo visse que os pais e as professoras estávamos informados, e que não queríamos que essas coisas voltassem a acontecer. Obviamente, informei aos pais o que tinha averiguado, enviando-lhes um comunicado semelhante ao que expus à sala, oferecendo continuar o diálogo iniciado na reunião, ainda que por *e-mail*.

Em relação a mim, não deixo de pensar no quanto esse "desmascaramento" foi profícuo para todos, mesmo que tenha aumentado ainda mais o trabalho e as tensões do final do ano letivo. No decorrer desses dias, pude aprender, debater com as colegas e com as famílias, e colocar palavras e regras à clandestinidade atrevida de meus alunos.

Esperamos poder transmitir a todos que aproveitarão mais caso se dediquem a brincar abertamente, sem essas manifestações de transgressão, mais típicas de adolescentes do que de crianças pequenas. Esperamos poder ajudá-los a viver seu momento sem queimar etapas desnecessariamente. Esperamos que o fio que nos una seja forte e nos ajude a contê-los.

14 Carlitos entra na escola

*Carlitos e sua namorada

Fonte: Desenhos de Luis Girón (Escola de Educação Infantil Aire Libre, Alicante, Espanha).

Carlitos sempre me fez rir. Acho seu humor suave e delicado, mas também contundente e inesperado. Por isso, quando Luis propôs trazer seus filmes para a turma para vê-los com os amigos, disse logo que sim. Lembro-me de que suas gargalhadas soavam ao mesmo tempo que as minhas. Os demais riam uns segundos mais tarde... Foram momentos inesquecíveis. Acredito piamente que aproximar a cultura das crianças é coisa nossa, das famílias, dos professores, dos tios, dos avós, de todos. Dessa forma, assim como lhes mostramos uma comida, um poema, uma paisagem, uma escultura ou uma boa música, ensinamos-lhes a beleza que há no cinema, nas imagens, nas histórias e na maravilhosa e humana sensação de se comover ao sentir o que os outros sentem.

O cinema é uma arte fascinante e completa. Reúne cativantes imagens com músicas que tocam a alma, envolvendo as histórias que trazem argumentos de todo tipo, personagens, ambientação, contribuições de estilo de cada diretor e muitas coisas mais.

Como não abrir espaço a ele na escola, para deleite das crianças, para ajudá-las a entender a linguagem cinematográfica, para sensibilizá-las a outro tipo de beleza, para aprender a valorizar e a criticar?

Se já se incorporaram outras artes à Educação Infantil, como a literatura, a música, a fotografia, o teatro, as artes plásticas, por que não o cinema?

***

Assistir a um filme em aula com as crianças é como ir ao cinema com os amigos. Brinca-se com as risadas e as cumplicidades, o apoiar no braço do colega, o encostar-se juntos, procurando uma posição confortável. Brinca-se com o prazer de viver uma história em companhia, de assistir com os demais, compartilhando tempo e espaço, de sentir as tristezas e as alegrias que os protagonistas sentem, de dar a mão ao amigo que tem medo...

Porém, esse ótimo recurso, agradável e fácil de conseguir e de exibir em sala, não está tão bem aproveitado quanto poderia estar. Do meu ponto de vista, acredito que é porque há um excesso de imagens rodopiando ao redor dos olhos e da imaginação das crianças, e que convêm equilibrar e fazer outras coisas que contribuam também com deleite, conhecimento e realização de suas incontroláveis curiosidades. Por isso, dedico a maior parte do tempo na escola para conversar, cantar, dançar, pintar, ler, mexer-se, fazer peças de teatro, verificar coisas, construir, contar histórias ou melhorar a pontaria.

Mesmo assim, de tempos em tempos, passo um filme na aula, ou porque um ocorrido me fez pensar que aquela película poderia contribuir com alguma vantagem ao grupo ou a alguma das crianças, ou por seguir a temática de um projeto de trabalho. Além disso, pode ser pela iniciativa particular de alguém, ou, também, pelo simples gosto de assistir a um bom filme com meus alunos.

Compartilhar o imaginário e a capacidade de criação de outra pessoa é uma vantagem inegável e magnífica. Antes de existir o cinema, as pessoas se aproximavam do que os outros queriam expressar por meio das palavras e do contato próximo. Depois, a voz inicial gerava outras vozes, e seus ecos sonoros transmitiam os relatos, que convidavam a sonhar, a conhecer e a aproveitar. Primeiro, de forma oral e, depois, por escrito, as histórias se estendiam e eram compartilhadas.

Entretanto, quando o cinema colocou imagens a esse narrar, uma força impensável apareceu, arrebatando os que olhavam, contagiando-os com a paixão e a forma de sentir de quem expressava e dizia. No cinema, então, confluem o atrativo dos personagens, a força da mensagem das histórias e dos sentimentos do criador, e a sedução do que está em cena. Muitas forças atuando juntas diante de uma pessoa ainda frágil, como é a criança, que, durante um tempo, precisará de um pouco de direcionamento para ver e interpretar.

Lembro que, há alguns anos, Carlitos surgiu em minha aula da mão de Luis, que era fã de seus filmes e do cinema mudo. Luis era um menino bem quieto e muito observador, talvez por isso visse em Carlitos um bom modelo de identificação. Às vezes, contava-nos que tinha visto *O garoto*, ou *Tempos modernos*, e dizia com muita animação e com a expressão muito engraçada. Levando em conta que Luis se mostrava pouco diante do grupo, pensei que seria bom lhe pedir que trouxesse um de seus filmes preferidos. Seria uma forma de torná-lo mais presente e mais protagonista.

Em minha decisão, claro, influenciou não só o fato de destacá-lo, mas também o de colocar ao alcance do grupo um excelente filme e que pudessem conhecer um bom ator. Graças a Luis, vimos *Tempos modernos*. As crianças passaram rapidamente da série de queixas que lhes surgiram em um primeiro momento, como "*Isso não tem cor*", "*Esse filme está estragado*", "*Não se escuta nada*", "*É estranho*", "*Põe outro filme*", às gargalhadas e exigências de que o colocasse outra vez. Gostaram muito dos efeitos cômicos, e, também, do fato de verem Luis rindo como nunca.

Identificar-se com os personagens, admirá-los e querer ser como eles é um dos efeitos que mais se produzem ao ver um filme. E, para uma criança pequena, o processo de identificação é fundamental. Identificar-se é querer ser idêntico ao outro, querer se parecer, querer se igualar a um modelo, querer ser alguém. Começa com a necessidade de se identificar com a mãe, de reconhecê-la, de ter apego a ela, de desejar ser como ela, ser de sua linhagem e sua natureza.

A identificação nesses primeiros momentos passa por querer se tornar uno com o objeto observado e admirado, e continua com um longo percurso pessoal de sucessivas identificações, que vão permitir a cada criança conhecer diferentes modelos e maneiras de ser e estar no mundo. A mãe, o pai, os irmãos, a família, as pessoas mais próximas, a escola, os professores, os colegas, os brinquedos, as personagens dos contos ou dos filmes...

Todo esse percurso permitirá que a criança escolha as características que mais lhe atraiam, para integrá-las e, assim, formar sua própria identidade, de tal maneira que possa ir se diferenciando paulatinamente de sua mãe e de seu núcleo primário. Reunirá dados das formas de se mover, dos gestos, das vozes e demais aspectos do vocabulário não verbal. Também dos costumes, das formas de se relacionar e de mostrar agrado, medo, desejo, raiva, dor, alegria. Das palavras e dos comportamentos, segundo a idade, o sexo, o estado de espírito. Compilará muitas coisas. E, com tudo isso e sua energia particular, construirá a si mesma e se transformará em uma pessoa com sua personalidade diferenciada e única. Primeiro, deve buscar se parecer, para, depois, poder ser diferente.

E, conforme a experiência afetiva, sensorial e simbólica da criança se torna mais rica, sua identidade abarca maior riqueza. Por isso, é importante que se tenha oportunidade de dispor de modelos muito variados vindos de diversas fontes, entre elas, do mundo do simbólico: os contos, as histórias, os filmes, ainda que, no caso destes, a identificação esteja amplificada. Isso ocorre porque, de um lado, há os personagens com suas particularidades e as emoções surgidas da narrativa das histórias, e, de outro, a identificação com o mundo sensorial que envolve o fio narrativo e os personagens. Refiro-me às músicas, às vozes, às palavras, às cores, às formas, aos figurinos, às paisagens e aos demais detalhes que se multiplicam na produção de um filme e que tanto nos arrebatam por sua beleza.

Algo parecido ocorre no meio teatral, mas aos filmes, ainda mais hoje em dia, é adicionada a possibilidade da repetição, feito que multiplica a influência desse meio sobre a criança, e que pode ter vantagens e inconvenientes. A repetição traz consigo a fortuna do prazer de ver de novo essa trama que tanto gostamos, de entendê-la melhor, de comentá-la com outros... Embora também possa trazer a desvantagem de criar uma forte dependência nas crianças, ao ocupar em excesso sua criatividade ainda em formação. Já vi crianças que sabem de cor o texto completo de vários filmes.

Os meninos e as meninas ficam presos à sedução das formas, das cores e das açucaradas histórias dos filmes para seu uso e, além disso, pedem e exigem camisetas, pijamas, estojos, copos, mochilas, roupa íntima e muitos outros objetos nos quais aparecem seus personagens favoritos. Dessa maneira, entre o martelar da propaganda e a identificação com os protagonistas, o florescente negócio vai em frente. Considero que as crianças estão excessivamente invadidas pela Disney e família. Pelo mercado americano e pelo japonês. Por um consumo insistente, que ataca aqueles que menos podem se defender.

Em contrapartida, a situação atual de falta de tempo e de calma nas famílias, o excesso de trabalho e o nervosismo generalizado também colaboram para que a televisão e os vídeos em geral se transformem em falsas amas de leite, que oferecem aos meninos e às meninas uma distração passiva, companhia barata, modelos estereotipados e excessivamente estimulantes, desejos incontrolados e mil caprichos. Da mesma forma, oferecem conhecimentos, entretenimento e um vocabulário de alto nível. E essas coisas se disfarçam de utilidade em um meio que poderia ser magnífico, mas do qual se abusa de uma forma ruim, chegando a transformar os pequenos em dependentes do sedentarismo, da demanda consumista e de arcar com as frustrações com evasão, fantasias "cor-de-rosa" e consumo do que entra pelos seus olhos nos anúncios ou nas publicidades que costumam aparecer no começo dos filmes.

Este ano, tenho uma aluna de 5 anos que usa os brincos de uma personagem da Disney e a roupa de outra personagem; que apenas quer ter contato com os contos e os filmes dessa indústria; e que carrega consigo um álbum de fotos que fizeram na Disneylândia por todos os lados. Brinca exclusivamente com coisas da Disney e não se entretém com nada mais. Está capturada por uma indústria que joga com uma vantagem realmente desproporcional. Por tudo isso, eu fujo de Walt Disney e similares como da peste, apesar de saber que se trata de filmes muito bem-feitos, que são atrativos e cativantes para as crianças. O que acontece é que o cativeiro é muito grande, e elas ficam presas e submetidas aos seus encantos (e corrupções) sem ser capaz de evitar.

Se tento relembrar algumas sessões de cinema com as crianças, vem à memória de *As aventuras de Azur e Asmar*,[1] filme de Michel Ocelot, que chegou à aula fazendo parte de um projeto sobre os países. Paula o trouxe, e lhe deixava tão animada que nos explicou rapidamente o final:

[1] N. do E.: animação francesa de 2006. Nela, duas crianças de origens diferentes, durante a infância, são criadas pela mesma mulher, Jenane. Asmar é filho dela, ao passo que Azur é um nobre que ela amamenta. Janane tem que partir daquele local com seu filho, o que os separa de Azur, e este, após certa idade, decide ir em busca da Fada dos Djins (que, na mitologia árabe, é o que conhecemos como "gênio"), quando, então, reencontra Asmar, que também estava nessa busca, pois ambos ouviram de Jenane a história da Fada.

"*O menino loiro se casa com a menina negra, e o menino negro se casa com a menina loira, e todos terão filhos moreninhos, que me explicou meu papai*". Assim dizia ela, e assim o vimos, e todos gostaram.

O documentário *A caverna do cachorro amarelo* foi visto em um projeto sobre os pássaros. As crianças falavam de falcões, águias e abutres com grande admiração em relação à sua força e ao seu poder, mas sem nenhuma aproximação à realidade. E pensei que seria bom que vissem uma cena que aparece nesse filme, na qual os abutres se dirigem em direção a uma criança, que apenas caminhava, com intenções perigosas. Efetivamente, a cena as impressionou e as fez comentar sobre o quão valente foi o cachorro que salvou o menino do ataque, o quão depressa o pai da criança foi acudi-la, para cuidar de seu filho, o medo que lhes daria se lhes acontecesse algo parecido... Também falaram sobre o quão bonita era a casa da família mongol, o campo tão grande que tinha em volta da casa, o quão divertido que seria ter um rio próximo para brincar com a água quando quisessem, o quão apetitoso parecia o queijo branco cortado em rodelas e muitas outras coisas. Discutiram sobre a idade das crianças protagonistas, propuseram fazer uma excursão à Mongólia e aproveitaram para falar mal de seus irmãos pequenos que "*não entendiam nada*", "*se comportavam mal*" e "*deixavam nervosos suas mães, seus pais e eles próprios*".

Em outra ocasião, levei para a aula o filme *O quadro negro*.[2] O motivo foi compartilhar com elas algumas imagens que tinham me emocionado. A história era sobre os entusiasmados professores que percorriam as montanhas do Curdistão (na fronteira entre o Irã e o Iraque), carregando grandes lousas nas costas e com as quais ensinavam a ler tudo o que viam, ignorando o infortúnio que os rodeava. Não foi difícil para mim transmitir às crianças a minha emoção diante da profundidade do filme e da beleza de sua produção. E, mesmo tendo colocado apenas algumas cenas do filme,

[2] N. do E.: filme iraniano de 2000, dirigido por Samira Makhmalbaf, vencedor do Prêmio do Júri do Festival de Cannes.

porque era muito forte, queria que, ao vê-las, valorizassem não apenas a importância de ler, mas também a grande sorte de ter paz, casa, carinho... e professores e lousas ao seu alcance.

Quando viram o filme *Kiriku e a feiticeira*, também de Michel Ocelot, houve um grande impacto emocional. Nessa turma, havia uma menina que tinha amedrontado várias colegas, e não havia como retirá-la dessa posição de força. Foi pensando nas possíveis causas de seu comportamento que me lembrei do filme. Pensei nele como, às vezes, penso nos contos: um recurso para dizer algo a alguém metaforicamente, uma diferente maneira de falar, carregada de simbolismo.

No filme, havia uma bruxa malvada, chamada Karaba, que fazia os membros de um povoado africano sofrerem. Raptava os homens, assustava as mulheres, tirava suas joias, privava-os da água. Até que Kiriku, um menino pequeno, muito valente e esperto, consegue salvá-los, ao descobrir que o que alterava a bruxa era um espinho cravado em suas costas e cuja dor a fazia ser má. Consegue retirar o espinho, e a bruxa se transforma em uma amável e bonita mulher.

Essa menina que mencionei estava assustada porque sua mamãe estava doente, mas não se atrevia a contar a ninguém sua preocupação, nem em casa, nem na escola. A mãe entrava e saía do hospital com bastante frequência, e ela sempre acreditava que sua mãe não ia mais voltar. Não mencionava seu medo, sequer o reconhecia, e, em vez disso, aliviava sua tensão atacando as outras meninas. Quando o filme estava acabando, a menina começou a chorar descontroladamente, dizendo: "*Eu não sou má, eu não sou má*".

Então, aconteceu uma breve, mas intensa, conversa, na qual as colegas lhe disseram que, com elas, ela era má, sim, porque batia nelas sem terem feito nada, tirava as fivelas de seus cabelos e ria delas. Entre soluços, disse que era porque estava muito nervosa, pois tinha medo de que sua mamãe morresse no hospital, e que fazia essas coisas porque as mamães delas não estavam doentes, e isso lhe dava inveja. Quando terminou de falar, chorou abertamente... E duas das meninas afetadas choraram com ela. Eu me dediquei a fazer carinho nelas, o grupo se manteve em silêncio, e o conflito começou a se desfazer.

Em outras palavras, veio a acontecer algo parecido ao que aconteceu no filme: Kiriku nos salvou!

15 Enrique sabe costurar

Fonte: José M. Mesías Lerma
(Universidade da Corunha, Espanha).

Nos teares de Daca, capital de Bangladesh, os meninos tecem ao lado das meninas, misturados entre elas, em bandos. Assim, bem juntos, preparam os modelos, os fios e as tinturas; medem e cortam; imaginam vestimentas; sonham.

As sedas e as lãs que envolverão a pele de tantos outros passam por suas mãos e fantasias; acompanham-nos; embalam-nos; rodeiam-nos de murmúrios, sussurros e "rangidinhos" enquanto estão costurando.

Costurar é fazer ninhos, cobrir, cingir, amarrar, parar, acariciar, sustentar, colocar, preparar, vestir, descobrir... Coisas de uns e de outras, coisas de todos.

Nós, professoras, temos de estar muito atentas para reunir tudo aquilo que possa servir à "causa" de aproximar as crianças de qualquer coisa que lhes possa ser útil, interessante e divertido. Essa postura aberta nos situa em um lugar parecido ao que ocupam as próprias crianças, que estão sempre atentas, sempre curiosas, sempre receptivas.

Narrarei, a seguir, uma situação ocorrida em minha escola que não se podia desperdiçar de maneira nenhuma. E foi o que pudemos mostrar, graças a dois estagiários de práticas ultramodernas, embora muito diligentes, que tanto os meninos quanto as meninas podem costurar, passar, limpar e cozinhar. Diante das crianças, com aventais, *jeans* desfiados e rostos alegres, Enrique e Borja nos ofereceram uma autêntica demonstração do quão fáceis e agradáveis podiam ser as tarefas de casa se forem feitas com ânimo e boa disposição.

Espero que essas imagens inesquecíveis, para mim e para eles, também sejam às crianças que presenciaram tal evento uma sugestão de mudança, de abertura e de sensibilização. Estão vindo novos tempos.

***

Este ano, vieram fazer estágio em nossa escola seis alunos do Ciclo Formativo de Educação Infantil.[1] Dois eram homens, e essa situação tão incomum gerou boas dinâmicas em suas relações com as crianças, as professoras e os demais funcionários da instituição. Vê-los brincar, consolar ou dar de comer às crianças presenteou a todos com uma imagem de sensibilidade e de ternura que espero que se repita com maior frequência. No âmbito da educação dos pequenos, a figura masculina é importante. Aos meninos, dá a possibilidade de se identificar com o próprio sexo, e permite

[1] N. do E.: curso de nível superior (tecnólogo) voltado exclusivamente para a Educação Infantil.

tanto às meninas quanto aos meninos comprovarem que, nos cuidados e no ensino das crianças, têm lugar tanto os homens quanto as mulheres.

Um dia, na hora de comer, surgiu o tema dos consertos de roupa. Enrique, um dos estagiários, contou que gostava de costurar e tinha comprado uma máquina de costura elétrica. Borja disse que era em cozinhar que ele se dava bem. Pedi a eles que fizessem uma demonstração de suas habilidades diante de meus alunos e, enquanto se preparavam, aproveitamos para comentar em aula quem realizava as tarefas nas casas das crianças. A maioria disse que a mamãe; alguns, que seus pais se revezavam; outros, que todos colaboravam; e alguns, ainda, simplesmente se gabaram: "*Eu sei fazer pizza*", "*Eu faço a minha cama*" etc.

Uma das meninas disse que seu papai não se dava bem com passar roupa, e quando soube, sua mãe nos disse que, claro, pois ele nunca havia feito isso em sua vida. Outro menino comentou: "*Meu pai está com mania de organização e faz meu irmão cozinhar e me faz lavar a louça*". O pai reagiu, ensinando-lhes a varrer, a fazer a cama e a limpar a mesa, porque é um homem que faz muitas tarefas, e ele ficou sentido que o filho não percebesse.

Também houve comentários carinhosos: "*Meu papai faz superbem as batatas bravas.*[2] *Os pasteizinhos ficam queimados, mas eu acho muito gostosos*", "*Eu ajudo meu papai a lavar o carro para que ele não se canse e, também, ajudo minha mãe a fazer madalenas*[3]*, que dão muito trabalho*" etc. Em geral, a costura foi creditada às avós. E a limpeza, curiosamente, só mencionada. Na verdade, aproveitou-se o momento para se queixar do pouco que faziam os irmãos mais velhos e do muito que sujavam os irmãos pequenos:

[2] N. da T.: prato típico espanhol, que consiste em batatas cortadas em cubos, fritas em óleo e servidas com um molho picante.

[3] N. do E.: *magdalenas*, no original. Trata-se de um bolinho feito e apresentado em fôrma de papel, cuja massa mole faz que tenha, depois de assado, a superfície inchada e com sulcos.

– Meu irmão não faz nada de nada, só vê TV.

– O meu brinca com os Legos e, depois, quem tem que guardar sou eu.

– O bebê mancha os carros de cocô.

– Meu pai, um dia, passou a minha camiseta, mas, agora, fica semanas e dias e meses sem fazer nada.

– Minha mamãe faz tudo, e meu papai trabalha.

– Mas sua mãe não é professora em um colégio? – Perguntou-lhe um amigo.

– Sim.

– Então, trabalha duas vezes?

No dia da "demonstração", Enrique disse:

> *Eu comecei a costurar de pequeno, em Córdoba, na casa das minhas tias, que eram costureiras. Tinham um imã para pegar as agulhas e os alfinetes que caíam no chão, e eu amava isso, era como um experimento. Agora, como minha namorada e eu trabalhamos, dividimos as tarefas de casa.*

Borja contou: "*Eu aprendi a cozinhar de pequeno ao ver minha mãe. Eu gostava muito de ajudá-la a preparar a comida. Agora, leio, vejo programas de culinária e faço umas tortas muito gostosas*".

Juntos, representaram uma cena teatral, na qual tinham que passar uma camisa para ir a um casamento. Uma ocasião memorável, com cheiro de ferro de passar e de casa, na qual houve um ambiente agradável e diversão. Depois, veio a apresentação da máquina de costura de Enrique. Como não conseguia enfiar a linha na agulha, ocorreu uma pausa, que se tornou emotiva quando Miguel nos contou que ele passava as linhas nas agulhas para sua avó, que não enxergava bem. Enrique coseu devagar e depressa, com pontos longos e curtos, e fez um pesponto em uma bandeira que trouxe alinhavada de casa, cujo símbolo era um elefante. A terceira parte era sobre a cozinha. Borja explicou como preparar lanchinhos de presunto e queijo, que ficaram tão apetitosos quanto efêmeros, já que desapareceram em questão de minutos.

Desde então, nos momentos de brincadeira livre, há meninos passando, limpando e cozinhando. As famílias me contam que as crianças se oferecem para fazer tarefas e sugerem com entusiasmo aos irmãos e aos pais que participem das tarefas de casa. E, embora eu saiba que, com isso, não vamos transformar o mundo, reconheço que me alimentou a esperança.

16 Você não sou eu

Fonte: Mónica, mamãe de Carla (Escola de Educação Infantil Aire Libre, Alicante, Espanha).

Rodeada de fadas e duendes, Carla sonha, inventa, imagina.

É tão satisfatório a ela imaginar que voa, que é sábia e bela, que tem poderes ou que é amiga de algum desses seres extraordinários, que resiste a abandonar seu momento onipotente e as múltiplas possibilidades que isso lhe concede. Assim, argumenta apaixonadamente a favor da existência das fadas, assegurando que falam com ela, que lhe fazem favores, que a escutam. E se envolve em um encantador debate entre realidade e fantasia, entre cotidiano e maravilha, entre magia e ilusão.

O desabrochar de uma nova identidade é um assunto que sempre me provocou emoções. No caso que aqui exponho, a menina tinha 5 anos, uma boa imagem de si própria, além de uma imaginação abundante e efervescente. Por causa dessas convicções, protestou fortemente diante de minha afirmação a respeito da não existência das fadas (muito queridas por ela). E, no calor da discussão, disse esta frase, que me enterneceu e me provocou admiração (e, até mesmo, inveja): "*Você não sou eu!*".

Que momento tão lindo, ver como alguém se posiciona diante de você como outra pessoa! Com seus pensamentos, sentimentos e opiniões, mesmo que nem chegue à altura de sua cintura...

No dia seguinte, chegou até mim um precioso livrinho, escrito e desenhado por ela, que ainda guardo. Dizia, literalmente, assim:

EL LIBRO DE QUE MARI CARMEN NO CREE EN LAS HADAS

HABÍA UNA BEZ UNA PROFESORA QUE SE LLAMABA MARI CARMEN Y NO CREIA EN LAS HADAS. PERO ABIA UNA ALUMNA QUE SI CREIA EN LAS HADAS Y SE LLAMABA CARLA.

PERO COMO MARI CARMEN NO CREIA EN LAS HADAS ENPEZARON A HABLAR DE ESO. Y PASO UNA ORA Y DOS ORAS Y TRES ORAS Y CUATRO ORAS Y SEGIAN ABLANDO. PERO NO SE ACLARABAN. Y SE YZO DE NOCHE.

Y ALA MAÑANA SIGIENTE MARI CARMEN DESALLUNO. PERO CARLA SE LEBANTO MAS TARDE. Y LUEGO OTRABEZ A HABLAR DE HADAS.

Y CUANDO LLA PASO UN RATO SE FUERON Y NO SE ACLARARON.

FIN

MARI CARMEN PORFABOR CREE EN LAS HADAS QUE PARA ESO TE E ECHO ESTE LIBRO.

Continua

Continuação

O LIVRO EM QUE MARI CARMEN NÃO ACREDITA NAS FADAS

ERA UMA VEZ UMA PROFESSORA QUE SE CHAMAVA MARI CARMEN E NÃO ACREDITAVA NAS FADAS MAS HAVIA UMA ALUNA QUE SIM ACREDITAVA NAS FADAS E SE CHAMAVA CARLA

MAS COMO MARI CARMEN NÃO ACREDITAVA NAS FADAS, COMEÇARAM A FALAR DISSO E PASSOU UMA HORA E DUAS HORAS E TRÊS HORAS E QUATRO HORAS E SEGUIAM FALANDO MAS NÃO SE RESOLVIAM E FICOU DE NOITE

E NA MANHÃ SEGUINTE MARI CARMEN TOMOU CAFÉ DA MANHÃ MAS CARLA SE LEVANTOU MAIS TARDE E LOGO OUTRA VEZ FALANDO DE FADAS

E QUANDO JÁ PASSOU UM TEMPO FORAM EMBORA E NÃO SE RESOLVERAM

FIM

MARI CARMEN POR FAVOR ACREDITE NAS FADAS PORQUE PARA ISSO TE FIZ ESTE LIVRO[1]

***

Na segunda-feira, começamos a semana lendo uma história dos aborígenes australianos, que explicava como as penas das aves conseguiram suas belas cores. A história contava que, quando o mundo era novo, uma pomba fez um pouso na terra com certa brusquidão e acabou ferida. Todos os pássaros foram acudi-la, menos o corvo, que não só não quis ajudar, mas também brigou ferozmente com o louro por ter criticado sua postura egoísta. Na briga, o louro sangrou, e seu sangue, que era de infinitas cores, espirrou nos demais pássaros, ficando, assim, suas plumagens tingidas para sempre de brilhantes cores. O corvo, ao contrário dos outros, manteve-se só e com sua coloração preta, por se negar a ajudar a pomba em apuros.

Após lido o conto, várias crianças disseram que o corvo era muito ruim, que se deve ajudar, e que não gostavam nada "*desses bichos*". Carla saiu, então, em defesa dos corvos, com muita paixão:

[1] N.: do E.: no original em espanhol, são apresentados erros de grafia, pois a aluna está em fase de alfabetização. Na tradução, porém, optou-se por não adaptá-los.

– Não se metam com os corvos – disse – que, um dia, um me salvou de cair em um barranco. Eu estava prestes a cair, e ele veio, me pegou com o bico e me levou voando para a minha casa.

– Isso você deve ter sonhado – respondeu-lhe Ana –, porque os corvos não aguentam as meninas, ainda que sejam magras como você.

– Não, eu não sonhei, é verdade.

–Você pode ter sonhado, ou ter imaginado – comentei –, mas, desse jeito, não deve ter acontecido. Embora tenha sido bonito o que você contou, até parece um conto.

Carla me replicou com cara de aborrecimento:

– Como você sabe? Você não sou eu!

Quando me recompus de meu espanto, disse-lhe que, efetivamente, eu não era ela, mas que sabia diferenciar bem a realidade da fantasia, por ser mais velha do que ela. Também lhe disse que estava esclarecendo isso para que ela não se confundisse, embora entendesse muito bem seu desejo de viver coisas fantásticas por seu amor a escutar, ler e escrever contos. Ela seguiu emburrada durante um longo tempo.

No dia seguinte, Sandra trouxe o tema, dizendo que queria saber com certeza se nos bosques há gnomos ou não. E, de novo, Carla defendeu sua fantasiosa tese:

– Claro que existem, porque meu avô viu um e me contou. Ele estava em um bosque, e um gnomo saiu do meio de umas plantas. Era pequenininho, tinha pelos por todas as partes e estava completamente pelado.

– Na fantasia, sim, existem... – comecei a dizer.

– Então, claro que existem! – cortou ela.

– Mas você não consegue encontrá-los vivos e reais.

– Sim!

Continua

Continuação

– Não.

– Então, por que minha mãe viu uma fada?

– Com certeza a viu imaginando alguma história, ou sonhando.

Carla se calou, mas se manteve séria.

Na quarta-feira, cheguei à aula com a ideia de falar sobre o tema com mais calma. Desse modo, expus às crianças que havia pensado sobre o fato de existirem ou não fadas, bruxas, gnomos e outros, e que dedicaríamos um tempo para conversar juntos, porque via algumas confusões. E, nesse contexto, começou esta conversa:

SANDRA: Eu e minha avó fomos ver a mãe do meu avô no cemitério, colocamos flores e arrumamos as velas.

ANA: Minha avó Cati morreu, e meu avô diz que foi para o Céu. E que viu ali atrás umas asas caídas. Ele tem em casa o resto dos ossos em um pote e, às vezes, coloca flores.

PILI: Toda vez que minha mãe vai a um enterro, eu fico com meu pai.

GERMÁN: No cemitério, quando alguém está morto, é enterrado. Tem pedras grandes com os nomes e ali colocam flores.

PILAR: Meu pai me disse que, quando alguém morre, vai voando para o Céu.

M.C.: Voando?

PILAR: Senão, como sobem?

CARLA: Sobe o espírito.

ÁLEX: Ou os anjos os sobem, porque eles têm asas.

PAU: Espírito? E o que é isso?

M.C.: Os que acreditam no Céu dizem que toda pessoa tem seu espírito, que se chama *alma*, que vai para o Céu.

PILI: Eu não acredito nisso.

PILAR: Eu fui ao cemitério com meus vozinhos e coloquei flores em um túmulo.

Continua

Continuação

LINA: Em uma montanha que eu fui, também tinha túmulos e, quando vimos, meu irmão se assustou, e meu pai o pegou nos braços.

LUZ: O pai de meu pai está queimado, por isso, não veio ao colégio no Dia dos Avós. E também vão queimar meu cachorro, Urko, que vai morrer logo.

GERMÁN: No Egito, dentro da Esfinge, no "sarcóvago", tem um morto, e o enrolam todo com papel higiênico, e já é uma múmia. E, quando acorda, caminha com os braços assim para a frente.

PAU: Sim, são os zumbis.

M.C.: Mas os mortos acordam?

GERMÁN: Os do Egito, sim.

M.C.: Não, não se preocupem.

LÚA: Sempre que vou à Argentina, vou nos túmulos, porque já morreram dois avós, e eu decoro os túmulos com as pedrinhas bem colocadas.

PAU: Um dia, eu vou ao cemitério de noite com Fran.

M.C.: Não brinque. Isso acontece nos filmes; na verdade, à noite, fecham a maioria dos cemitérios com chave.

PAU: Pois vamos pular a cerca!

M.C.: Estamos falando sério. E, bem, agora que estou pensando, por que estão falando de mortos? Não íamos comentar se existiam ou não as fadas, as bruxas etc.? Voltemos ao tema.

LINA: É que queríamos saber primeiro se existem os mortos ou não.

M.C.: E já verificaram?

PAU: Claro, isso é muito fácil.

M.C.: Bem, agora, concentrem-se nas coisas da realidade (as que podem encontrar pela rua) e as do mundo da imaginação (que aparecem nos contos, nos sonhos ou nos filmes).

CARLA: Meu avô me contou que viu um gnomo, e, por isso, eu digo: EXISTEM AS FADAS E AS BRUXAS E OS GNOMOS E TODOS OS OUTROS!

Continua

Continuação

Germán: Nos filmes, sim, aparecem. Mas alguém já viu um esqueleto se mover? Claro que não, não tem vida. Nem cérebro, nem coração.

Álex: Porque derreteram, porque são banha.

Luz: As bruxas, sim, existem, mas o que acontece é que não as vemos, porque estão no céu, em um castelo, e só saem de noite.

M.C.: Não, não é assim. São personagens que servem para fazer contos, ou peças de teatro, para sonhar ou imaginar.

Pau: Tem bruxas que existem, sim. Meu pai que diz isso.

Ángel: Também disse isso a moça que cuida de mim.

M.C.: E por que será que dizem isso se sabem que não é assim?

Pau: Não sei.

M.C.: Acredito que é para que se assustem e os obedeçam. Eu falarei com eles.

Carla: Mesmo que não vejam a fada Catalina se mover, isso é porque ela não quer que os humanos vejam que ela se mexe.

Ana: Sim, eu também acredito que existem fadas.

M.C.: Mas foi você quem disse à Carla que ela teria sonhado aquilo isso do corvo... (Ana ri.)

Carla: Vocês acreditam que não existem porque não veem?

M.C.: Não, não é por isso. É porque existem no mundo da fantasia, e não no da realidade. É possível ver o ar? Peguem o ar, soltem-no. Vocês o percebem inflando seu peito? Não se vê, mas existe. Em contrapartida, as fadas não existem. Não porque não as vemos, mas porque são do mundo da fantasia. E isso é bonito, mas não é real.

Lina: Votamos?

M.C.: Não, isso não se vota, não é preciso. Eu sou mais velha, sou sua professora e posso dizer a vocês com certeza.

Fran: Claro, as fadas são como os dinossauros.

M.C.: Bem, não exatamente. Os dinossauros existiram, mas morreram. E as fadas nunca existiram. Acho engraçado que alguns resistam a aceitar isso. Suponho que seja porque é mais emocionante pensar que existem, sim, esses seres fantásticos, embora não seja assim.

Então, pedi à Carla que trouxesse o dicionário e procuramos o que significam as palavras: *fada*, *bruxa*, *gnomo*, *dragão* e *fantasma*. Em todas as definições, aparecia a palavra *fantástico*, então, eu os fiz ver mais uma vez como forma de conclusão, ainda que as três dissidentes seguissem insistindo no assunto. Ao deixar o dicionário em seu lugar, Carla o riscou com o dedo no ar simbolicamente. Não lhe tinha servido bem...

Depois, pedi que cada um dissesse uma coisa que fosse real e outra que fosse fantástica. Como elementos da realidade mencionaram: um gato, um cemitério, um peixe, um lagarto, um cesto de lixo, uma ovelhinha, as flores que se deixam nos túmulos, fadas "de brinquedo", um cavalo, uma sacola, uma lâmpada, um cervo, a Lua, um coração, uma pessoa, as fadas e um duende. Como elementos do mundo da imaginação: uma mansão de fantasmas, um dragão, as fadas, uma bruxa, um vampiro, um duende, um fantasma invisível, as lagartas sanguessugas, os anjinhos, um *spray* de tornar invisível, um gnomo, um livro invisível, um lobo colorido, uma flor de coração, uma sereia, o lobisomem.

Acabamos a sessão com um desenho sobre o que foi falado. Vi que brincavam de bruxas, magos, fadas, fantasmas e vampiros. Nas oficinas da tarde, pediram para fazer varinhas mágicas de fadas e de magos.

Nessa interessante conversa, vi que havia diversos níveis em relação ao processo de captar o real ou o mágico e que, embora eu tivesse que tentar respeitar os ritmos individuais, pelo bem do grupo em seu conjunto, devia continuar procurando a via do real, que representava, nesse caso, uma visão do mundo mais saudável para meus alunos e alunas.

Na quinta-feira, tivemos uma visita que foi providencial para o tema em que estávamos envolvidos. Roser Ros, amiga, contadora de contos e escritora de narrativas, veio de Barcelona e passou na escola para nos cumprimentar. Desfrutamos de uma de suas contações e, quando terminou de contar, perguntei-lhes se ela, que tanto sabia de contos, poderia nos esclarecer uma dúvida que nos tinha feito discutir: se existiam ou não fadas, bruxas, gnomos e demais personagens das histórias. Roser ficou alguns momentos em silêncio e depois disse:

A verdade mais verdadeira é... que não existem de verdade, pertencem ao mundo da fantasia. Embora também seja verdade que as pessoas os inventem para criar contos, filmes, fantasias, jogos, brincadeiras, peças de teatro etc. E é porque a fantasia nos é prazerosa e necessária.

Quando Roser acabou de falar, Carla desatou a chorar. Ao ser perguntada por nossa amável visitante, disse que chorava pelo que ela tinha dito: que as fadas não existiam. Consolamos a menina com nosso carinho e apoio, mas aceitamos suas lágrimas, símbolo da dor que estava vivenciando. E o que parece acontecer a Carla é o fato de lhe custar a deixar suas queridas amigas de brincadeiras e de imaginação (compartilhados com sua irmã mais velha, Ada); custa-lhe reconhecer que a realidade tem suas leis; custa-lhe seguir adiante, está um pouco relutante em crescer. Em seu íntimo, já sabe o que existe e o que não, mas, em seu mundo de desejos e de sonhos, ainda muito lhe convém ser "acompanhada" pela fada sozinha, pela fada Catalina ou pelo gnomo que seu avô encontrou no bosque.

De forma diferente, vive Ángel, que ouviu dizer que os que se comportam mal são levados pelas bruxas para que os comam. Ou Pau, que pensa que as fadas não existem, mas as bruxas, sim. Ou Germán, que opina que as múmias do Egito saem quando acordam...

É normal que as crianças pequenas confundam realidade e fantasia, porque sua forma de pensar é intuitiva, não lógica. Nessas idades, o pensamento se caracteriza por ser animista, mágico, narcisista, onipotente e intolerante ao desprazer. Seu máximo interesse é nelas mesmas e em seu desejo de prazer; acreditam que podem tudo, que são capazes de contornar a realidade de acordo com seus desejos e que elas são o que há de mais importante no mundo.

Dessa maneira, vivenciam mal as dificuldades, aborrecem-se quando querem algo e não conseguem obtê-lo, e dão vida à sua imaginação para aquilo que querem. Fazem isso quando brincam, quando negam a dor ou a morte, quando argumentam, quando decidem, quando se relacionam ainda tão primitivamente... E o fazem porque precisam; porque ainda não estão preparadas para a frustração; porque não podem assumir o compartilhamento, o não ter tudo, a espera. Nós as ajudamos para que adquiram segurança em si próprias, para que formem uma boa autoestima, para que se sintam bem com sua maneira de ser e de estar. E apenas quando tudo estiver estruturado e situado podem começar a se descentralizarem e a se aproximarem do ceder, do repartir ou do aceitar a realidade.

A fantasia é, durante toda essa primeira jornada, uma aliada, uma cúmplice fiel, um alimento para o prazer, uma muleta para a necessária segurança. Uma criança saudável sonha, imagina, joga, brinca, inventa... E aproveita enquanto faz essas coisas. Contudo, depois, pouco a pouco, terá que ir encaixando aspectos da vida que já não verá tão mágicos nem tão fantásticos. É a entrada do real, é a queda dos dentes, é o tornar-se mais velhos e o ir ao Ensino Fundamental.

Há aquelas que vivem esse processo sem muito sobressalto e aquelas que o vivem intensamente, como Carla. No entanto, seja como for, nosso acompanhamento será útil se houver um olhar diferenciado, se pudermos perceber a maneira de cada um aterrissar em terra firme. Haverá quem precise de mais tempo, quem se assuste, quem queira se poupar sendo o valentão, quem se mantenha calado e à expectativa, e quem se agarre às suas personagens amigas para não sentir o gosto amargo de passar de ser o maior da Educação Infantil ao menor do Ensino Fundamental, ou de ser uma inventora especialista de histórias da turma a uma menina que já sabe que as fadas não são de verdade... Tão bonitas que eram e o quanto gostava de estar com elas!

Foi uma semana muito intensa. Pude ver como aparecia certa ordem daquele caos desorganizado das vivências de uns e de outros. Observei como o grupo marca o fio condutor das investigações das crianças. Nesse caso, alguns membros do grupo estavam em dúvida a respeito do tema *realidade e fantasia*, e o grupo inteiro opinava, deixava-se influenciar, afirmava ou negava. Escutei falar da morte em relação com as fadas e as bruxas, entendendo que as comparações sobre a realidade passavam pelo caminho do desenvolvimento, e que, nesse percurso, uma das coisas mais importantes para meninos e meninas é saber se a morte existe ou não existe, e o que podemos fazer com base nessa constatação.

Curiosamente, embora eu pense que ter a imaginação pronta é importante não só para ter prazer com a brincadeira e a fantasia, mas também para perder o medo do novo, do diferente, da aventura e da criatividade, em certas ocasiões, parecia que estava "lutando" contra ela. Entretanto, não era isso; meu desejo estava direcionado a esclarecer, a seguir o momento do grupo e a atender às diferenças individuais, deixando o mundo da fantasia no bom lugar que lhe corresponde, mas sem confusões nem misturas que possam confundir as crianças.

De tempos em tempos, sinto-me irritada; outras vezes, divertida; outras, submersa em um mar de dúvidas; e, às vezes, contente com minha tarefa. Em especial, gostei de ouvir Carla dizer: "*Você não sou eu*", porque essa afirmação aponta com clareza a diferenciação entre ela e mim, entre ela e os outros. Também gostei de falar, por causa de tudo isso, com os pais de várias das crianças, ao observar o risco de confusões ou de medos desnecessários. Foi interessante sondar minhas dúvidas sobre se intervir ou não em cada caso, segundo as características individuais das crianças e de suas experiências, e ver as diferenças entre a dinâmica do grupo e o meu vínculo com cada um dos meninos e cada uma das meninas.

Verificar aspectos da realidade com as crianças pressupõe trabalhar com um currículo aberto, levando em consideração o vínculo, o familiar e o afetivo, e isso implica estar exposto às incertezas, a não saber o que se deve fazer a todo momento, a não condenar e a não ter tudo amarrado e bem amarrado...[2] Todavia, nessa corda frouxa na qual há mais medos do que garantias, encontramos, também, mais decisões, mais novidades, e muito mais vida. Felizmente.

---

[2] N. do E.: referência ao discurso do caudilho espanhol Francisco Franco, em 1969, quando este "nomeou" o rei Juan Carlos I como seu sucessor.

17

Transmitindo paixões

Fonte: Reme Picó (Escola de Educação Infantil Aire Libre, Alicante, Espanha).

Conrado ainda não tinha 3 anos quando recebemos na escola a visita de um músico africano, que tocou vários tipos de tambores. Atraído irresistivelmente pelos sons, Conrado foi ao palco e se pôs a tocar com as duas mãos, como se sempre tivesse se dedicado a isso, como se tivesse o ritmo dentro do corpo, como se seus pequenos dedos tivessem despertado subitamente para um sonho maravilhoso. Todos ficamos impactados pelos ritmos conseguidos, por sua concentração e por seu sorriso.

Um momento difícil de esquecer, no qual presenciamos o nascimento de uma paixão. Um momento que anunciou este tempo de agora, no qual Conrado é um famoso percussionista, membro de nossa banda municipal. Para mim, é incrível ver que quando toca, sorri tão abertamente, como naquela inacreditável primeira vez. Agora, ele vem à escola para transmitir sua paixão e aconselha sua sobrinha, Álex, que vai "pouco a pouco", mas sem deixar de perseguir seus sonhos.

Todos conhecemos a agradável sensação que acontece ao nos sentirmos compreendidos por alguém, ao notarmos que outra pessoa realmente se interessa por nós. Isso pressupõe uma fonte de segurança, um remédio contra a solidão, e um afeto que se incorpora e nos dá confiança. Algo assim é o que se põe em funcionamento na relação professor-aluno quando há um vínculo particular com cada uma das crianças, quando a escuta circula, quando se respira a aceitação, quando cada um sente que o professor o conhece e o estima, que quer saber dele e, enfim, que importa o que lhe acontece, o que diz, o que pensa.

Esta última história narra um vínculo criado entre duas pessoas e feito à base de companhia, de palavras e de paixões em relação aos livros. Um vínculo que nasce como uma simples transmissão e acaba sendo uma afeição. Como ocorreu com este livro, que também começou como uma simples transmissão de minhas experiências na escola e acabou se transformando na mensagem carinhosa a seguir.

Gostaria que os professores que lessem estas páginas se permitam mostrar o que têm em si e transmitir aos seus alunos algumas de suas paixões. Assim, chegará a eles sua verdadeira essência, serão impregnados por seus anseios. Assim, seu sonho pedagógico lhes fará cosquinhas.

***

Há alguns meses, assisti a um filme desses que são cativantes, que fazem rir ou chorar, e que conseguem acender uma faísca interna, por sua simplicidade, por sua contundente e apaixonada mensagem.

Acredito que, como costuma acontecer, foram vários os fatores que acompanharam o fato de que me emocionasse vendo o filme *Minhas tardes com Margueritte* (“*com dois tês*”, como dizia a protagonista da história). Por um lado, tinha sido fervorosamente recomendado por uma amiga. Por outro, eu gosto de Gérard Depardieu. E, além disso, a tarde em que assisti ao filme estava sendo agradável, descontraída e alegre, e tudo isso conta. E o vi. E me cativou. E, ainda hoje, ao recordá-lo, fico com um nó na garganta, querendo chorar.

A história narra os encontros cotidianos de Germain, um homem de 30 e tantos anos, e Margueritte, uma idosa senhora de 86, em um parque de uma pequena cidade. Coincidiam em seu passatempo de olhar as pombas (com certeza, procurando nelas entretenimento e companhia), e lhes colocavam nome, contavam-nas, comentando juntos sua ausência ou presença. Sentarem-se em um mesmo banco, irem às mesmas horas e precisarem ambos de escuta e de amizade foram os impulsores do começar a falar, do contar as solidões e as experiências, e do sentir esses momentos como algo imprescindível.

Das pombas, passaram aos livros que, para ela, eram sua vida inteira e, para ele, quase um instrumento de tortura, já que, em sua infância, tinha-os como inimigos, por seus problemas para entender as palavras e pelas zombarias e desqualificações que tinha sofrido por parte de sua mãe, de seu professor e de seus colegas de escola. No entanto, o que podia ter suposto uma ruptura, curiosamente, serviu-lhes como vínculo, e Margueritte começou a ler para Germain, devagar e com muito entusiasmo, essas histórias de outros com as quais ele se identificava tão intensamente, de forma que parecia viver e sonhar o que viviam e sonhavam seus protagonistas.

Dessa maneira, sem se dar conta, Germain começou a se perguntar pelos significados e pelas nuances das palavras, a indagar o que aparecia nos livros, a brigar com os dicionários e, até mesmo, a tentar ler em voz alta, apesar de suas dificuldades. Passou por momentos de desânimo e de esperança. Lembrou dos maus bocados da escola e das ironias de seus amigos do bar sobre sua ignorância e simplicidade de raciocínio. Mas, pouco a pouco, foi se deixando invadir pelas histórias, que lhe chegavam revestidos pelo afeto de Margueritte. E foi mudando e se animando por saber e desfrutar todas aquelas novas histórias que se apresentavam diante dele, escondidas nos livros, mas prestes a sair e se transbordar quando alguém (inclusive ele próprio!) as convocasse.

A história transcorre fluida e de forma muito bonita, chegando a um final em que Germain será um leitor para Margueritte, pois ela está perdendo a visão por uma doença. A emoção que causa à idosa escutar as leituras pela boca de seu amigo será, para ela, um presente muito valorizado, porque ele não apenas lhe devolve a possibilidade de seguir escutando suas histórias favoritas, mas também dá a ela o calor de sua voz, sua proximidade e esse recém-nascido amor pelas palavras com o qual ela própria contagiou Germain.

Justamente, outro dia, lembrei desse filme ao ler para meus alunos e alunas um lindo conto que se chama *Un pasito, otro pasito*,[1] de Tomie dePaola. Nele, narra-se a história de um avô que ensina seu neto a andar e que, por sua vez, é ensinado pelo menino a recuperar a fala e o andar após ter sofrido um infarto.

Nas duas narrativas, há uma grande diferença de idade entre os protagonistas. Nas duas, há alguém que dá e alguém que recebe. Nas duas, no final, invertem-se os papéis. Nas duas, há muito amor. E as duas conseguiram me causar essa espécie de comoção interna que me pôs a pensar, a sentir.

E é porque o fato de transmitir nossas paixões, de presentear uma parte do que temos, de poder emprestar a voz e a alma a outros significa, para mim, um forte sentimento de ser pessoa, que me faz permanecer sensível e crédula à vida.

Assistindo ao filme, sentia-me permeada pela lembrança de tantos amigos que me presentearam com suas palavras, suas ideias, suas comidas,

---

[1] N. da T.: *Um passinho, outro passinho*, em tradução livre. Trata-se de um conto estadunidense de 1981, cujo título original é *Now One Foot, Now the Other*.

seus passeios, seus sonhos e seus carinhos. E me sentia afortunada pelo já vivido e pelo que o tempo e as circunstâncias ainda me providenciarão, se eu seguir com a porta aberta para conhecer e para compartilhar.

Porém, provavelmente, o que me enche de lágrimas é o desejo de que alguma gota de minha sentida paixão pelas palavras, pelas pessoas e pelos afetos se estenda ao que está ao meu redor; de que eu possa transmitir o que me deu prazer, para que outros também o aproveitem; e de que, nessas trocas contínuas surgidas do filme, do conto e da vida, algo me toque "de volta". Como aconteceu com Margueritte quando Germain lia para ela, ou com o avô, quando o neto o ensinava a andar de novo.

No fim das contas, pouco altruísmo e muita vontade de seguir envolvida no que a vida me providencie de bom.

Referências

BACHELARD, G. *La poética de la ensoñación*, México, Fondo de Cultura Económica, 1982.

BOSCH, À. La teoria de les peces soltes, *Infància*, n. 199, p. 18-21, 2014.

CARTER, Á. *Caperucitas, Cenicientas y Marisabidillas*, Barcelona, Edhasa, 1992. p. 148.

GALEANO, E. *El libro de los abrazos,* Madrid, Siglo XXI, 1989.

HERREROS, A. C. *Libro de monstruos españoles*, Madrid, Siruela, 2008. p. 45, 145.

LÓPEZ, M. E. "Ensayo mínimo sobre la palabra poética y la protección simbólica de la infancia", Memorias del seminario internacional *Arte, palabra y lectura en la primera infancia* (São Paulo, 13-15 mar. 2018), São Paulo, Comunidade educativa Cedac/Revista Emília, 2018.

MONTES, G. *Buscar indicios, construir sentidos*, Bogotá, Babel, 2017.

RODRÍGUEZ ALMODÓVAR, A. *Cuentos al amor de la lumbre, tomo I,* Madrid, Anaya, 1986. p. 173, 189.

Sobre mim

Mari Carmen Díez Navarro

Sou professora de Educação Infantil, Especialista em Educação Pré-Escolar e Licenciada em Psicopedagogia. Além disso, à minha base de formação, acrescentam-se cursos, leituras, seminários, oficinas, jornadas, escolas de verão, ações de reciclagem pedagógica etc. Sempre buscando aprender, sempre buscando desvendar o que há de mais importante e positivo nas teorias, nas afeições, nas aprendizagens e nas metodologias.

Optei pela Educação Infantil depois de ter trabalhado em escolas unitárias;[1] em uma sala de Educação Especial com crianças com paralisia cerebral; em turmas de alfabetização para adultos; em outros níveis educacionais (para pessoas mais velhas); em substituição a outras professoras de

[1] N. do E.: escolas em que há um número reduzido de alunos ou em que há mais de um ano por sala, muitas vezes, em áreas rurais.

Educação Infantil e de Ensino Fundamental I; ministrando aulas particulares etc. E o motivo de minha escolha foi o meu aprendizado cada vez mais definido sobre a saúde, a prevenção, o respeito às crianças, a preservação de seu desenvolvimento integral, a sua cultura... O momento de passagem da magia à lógica me arrebatou irresistivelmente!

Ao começar a trabalhar com os menorzinhos, minhas ações vinham de herança materna. Minha mãe me ensinou muitos meios de lidar com as crianças, muitos recursos, muitos contos, muitas poesias, muitas canções... Depois, aprendi com outros professores e pedagogos: Freire, Decroly, Montessori, Dewey, Don Lorenzo Milani, Pestalozzi, Rodari, Malaguzzi, Dona Pepita (minha tutora de estágio) e com todos os professores que estivessem ao meu alcance.

Então, comecei a "copiar" as próprias crianças, que me mostravam as coisas de que precisavam e que preferiam. Observando suas brincadeiras, aprendi a respeitar e a dar tempo à brincadeira livre. Escutando suas conversas, aprendi a dar espaço a suas palavras. Vendo-as em relação umas com as outras, aprendi a trabalhar em grupo na sala. Assistindo-as se moverem e adorarem seus corpos, aprendi a oferecer um lugar privilegiado a todas as ocasiões que o incluam na escola. Contemplando suas comparações até o conhecer-se e o amar-se (ou não se amar), aprendi a não ignorar o mundo sentimental que aflora na tenra idade.

Todavia, os motivos que me levam ao fato de escrever sobre minha prática são mais complexos. Acredito que partam de uma necessidade muito profunda, muito do "andar de baixo" afetivo, muito de minha história. Desde que me reconheço por gente, sempre senti uma urgência de comunicar o que sinto e o que penso, um desejo de me mostrar e de me sentir reconhecida pelos demais, de perdurar neles, em suma, de me fazer amada. Nesse caso, escrever me ajuda a preencher essa lacuna. Além de conversar, de trabalhar e de outras coisas, claro.

carmendiez.com

SOBRE O LIVRO
Formato: 16 x 23 cm
Mancha: 11,2 x 17,4 cm
Papel: Offset 90g
nº páginas: 280
1ª edição: 2022

EQUIPE DE REALIZAÇÃO
Assistência editorial
Liris Tribuzzi

Edição de texto
Gerson Silva (Supervisão de revisão)
Roberta Heringer de Souza Villar (Preparação do original e copidesque)
Fernanda Fonseca (Revisão)

Editoração eletrônica
Évelin Kovaliauskas Custódia (Capa, projeto gráfico e diagramação)

Fotografia
AlejandroFonseca | iStock (Imagem de capa)

Impressão

edelbra

Impressão e Acabamento
E-mail: edelbra@edelbra.com.br
Fone/Fax: (54) 3520-5000
IMPRESSO EM SISTEMA CTP